So soll die Welt nicht werden
Kinder schreiben über ihre Zukunft

D1727637

So soll die Welt nicht werden

Kinder schreiben über ihre Zukunft

Herausgegeben von
Regina Rusch

Inhaltsverzeichnis

Anfangen mit dem Aufhören

Kinder schreiben über Zukunft. Nicht über irgendeine kühle Science-Fiction-Welt, sondern über ihre Zukunft, ihre Lebenserwartungen. Sie schreiben sich dabei, so macht es den Eindruck, die Angst von der Seele. Eine Angst, die sie nach herrschender Meinung gar nicht haben dürften: Kinder haben froh und zuversichtlich in die Zukunft zu blicken, schließlich sollen sie einmal die Welt von uns übernehmen.

Eben. Da liegt das Problem. Die Welt, die wir hinterlassen werden, wollen die Kinder nicht. „Wir müssen den Dreck von den Großen übernehmen", stellt die zwölfjährige Melanie fest. Doch die neunjährige Carina gibt sich nicht zufrieden: „So soll die Welt nicht werden!"

Kinder machen sich viele Gedanken über die Zukunft der Welt, aber auch über die Gegenwart, in der ja ihre Zukunft beginnt. Sie äußern sich ernst und sorgenvoll, sie sind sehr realistisch, leidenschaftlich und fast immer engagiert. Nur hört ihnen leider selten jemand wirklich zu. „Wer außer euch will das schon von uns Kindern wissen?" schreibt die elfjährige Kerstin in ihrem Brief an METALL.

Die Zeitung der Industriegewerkschaft Metall hatte im Herbst 1988 zu ihrem vierten Kinderschreibwettbewerb aufgerufen. Die Themenstellung „Meine Zukunft" machte keine Vorgaben: „Wie werdet ihr in einigen Jahren leben? Wie wird es aussehen in unserer Welt? Was wird besser, was schlechter sein? Freut ihr euch auf die Zeit, die jetzt noch so fern scheint, oder habt ihr Angst vor der Zukunft?" Mitmachen konnten Kinder bis zu 14 Jahren, erlaubt war alles zwischen Bericht und Gedicht, zwischen Wirklichkeit und Phantasie. Die Resonanz übertraf in vielerlei Hinsicht die Erwartungen. Über 550 Briefe gingen in der Redaktion ein – fast dreimal so viel wie bei den vorhergehenden Schreibwettbewerben. Der Anteil der Mädchen betrug rund 60 Prozent, gut 15 Prozent der Einsendungen stammten von ausländischen Kindern. Der Altersschwerpunkt lag bei den Elf- bis Vierzehnjährigen.

Die weitaus meisten Beiträge enthalten Schreckensbilder einer zerstörten Umwelt, düstere Zukunftsvisionen von Massenarbeitslosigkeit und einem computergesteuerten, phantasie- und lieblosen Leben. Und immer wieder Angst – vor dem Dritten Weltkrieg, vor der nuklearen Vernichtung durch Atomraketen und Atomkraftwerke. Gewiß haben einige Kinder auch ihre Vorstellung von einer glücklichen Welt geschildert. Sie haben aufgezählt, was sie sich wünschen, welchen Beruf, wie viele Kinder, was für ein Haus. Doch das waren insgesamt nur wenige. Und oft kam auch bei ihnen der ernüchternde Satz: Ich weiß, das ist nur ein Traum, in Wirklichkeit wird es ganz anders werden.

Daß dieser Schreibwettbewerb den Rahmen der früheren sprengt, war den Organisatoren bald klar. Diese Kinderaufsätze sind ein inständiger Aufruf, aktiv zu werden. Bestärkt wurde METALL von den Mitgliedern der Jury, der Schriftstellerin Gudrun Pausewang, dem Psychoanalytiker Horst-Eberhard Richter und dem Literaturwissenschaftler Winfred Kaminski.

Die Idee, die Briefe als Dokumentation zu veröffentlichen und Politikern zur Stellungnahme und als Aufforderung zum Handeln vorzulegen, ist entstanden aus der Empörung vieler Kinder über die Politiker, „die bloß reden und reden und nichts tun", und aus ihrer Ungeduld, endlich anzufangen mit dem Aufhören. Denn noch haben die Kinder die Hoffnung nicht aufgegeben, daß der Zerstörung und Bedrohung Einhalt geboten werden kann.

Vielleicht hilft dieses Buch, Druck zu machen.

Vielleicht helfen die eindringlichen Aussagen und Hilferufe der Kinder, radikal umzudenken und zu handeln. Sofort.

Regina Rusch

Ahmet Tusun (12), Remscheid

1. Kapitel

„Man lebt in ständiger Angst
vor Krieg und Atomkraftwerken"

Die Kinder sind hellsichtiger,
als man denkt.

Wir Erwachsenen glauben zu wissen, wie unsere Kinder über die Welt denken. Natürlich werden sie, so glauben wir, das Bild bestätigen, das wir ihnen vermittelt haben. Die meisten unter uns vermuten, daß Kinder überhaupt nur wenig über ihren alltäglichen engeren Lebenskreis hinausdenken. Da gibt es in der Familie, mit Freundinnen oder Freunden, in der Schule, im Sport so viele aufregende Erfahrungen, daß das kindliche Bewußtsein davon ganz ausgefüllt sein sollte. Und welche Eltern legen es schon darauf an, ihre Kinder frühzeitig mit den Problemen der großen Politik, mit den Gefahren der Atomrüstung oder der globalen Umweltzerstörung zu belasten?

Um so mehr muß es überraschen, ja erschrecken, wenn man aus den meisten Aufsätzen dieses Schreibwettbewerbs herausliest, in welcher Wachheit und Klarheit die Kinder bereits begreifen, daß unsere Gesellschaft sich auf einem bedenklichen Wege befindet. Wie wir Erwachsenen die Arbeitswelt entwickeln, wie wir mit der Natur umgehen und welche gewaltigen Risiken wir durch die Atomrüstung heraufbeschwören, das alles verfolgen die Kinder mit beklemmender Furcht. Sie trauen uns nicht zu, daß wir mit genügender Fürsorglichkeit bedenken, was für eine Welt wir ihnen demnächst übergeben werden.

Schon seit Beginn der achtziger Jahre beobachten Jugendpsychologen in vielen Ländern der Erde, daß Kinder sich insbesondere vom zehnten Lebensjahr ab immer mehr vor einer düster phantasierten Zukunft ängstigen. Da ist die Sorge, daß Technik und Chemie die Umwelt zerstören werden, daß ein Atomkrieg drohe. Während Befürchtungen, die um die Arbeit kreisen, noch leicht aus der häuslichen Erfahrung heraus verständlich erscheinen, macht es besonders betroffen, wie beunruhigt sich die Kinder bereits mit den großen politischen Problemen der Ökologie und des Militarismus beschäftigen. Jugendpsychiater haben in einer vergleichenden Untersuchung bei amerikanischen und sowjetischen Kindern ähnliche Ängste gefunden: Daß ein Atomkrieg ausbrechen könnte und daß die eigene Familie ihn sicher nicht überleben würde. Finnische Forscher sind bestürzt darüber, daß selbst in ihrem neutralen, atomwaffenfreien Land zwölfjährige Kinder mehr Angst vor einer Atomkatastrophe als vor privaten Unglücksfällen oder Krankheiten in der Familie haben. Diese Resultate stimmen mit Erhebungen in Dänemark, Schweden und in der Bundesrepublik überein. Überall gestehen die Wissenschaftler ein, daß sie solche bedrückenden Ergebnisse nicht erwartet hätten.

Umfragen bei den Eltern bringen keine plausibel scheinende Erklärung. Da heißt es meistens: „Von uns können die Kinder das kaum haben. Wir sprechen zu Hause nur selten oder gar nicht über diese Probleme. Und wir haben bisher auch kaum bemerkt, daß unsere Kinder sich darüber schon den Kopf zerbrechen."

Doch die Kinder zerbrechen sich den Kopf darüber – diese Tatsache steht fest. Was die Kinder beim Schreibwettbewerb der METALL ausdrücken, ist kein Sonderfall. Sie stehen vielmehr repräsentativ für viele Millionen Kinder, in deren Innenwelt Ähnliches vor sich geht. Aber wer um alles in der Welt hat den Kindern nun diese ängstigenden Vorstellungen beigebracht?

Die Erklärung lautet: Kinder sind hellhöriger und hellsichtiger, als man gemeinhin meint. Natürlich dringt vieles davon in ihre Köpfe, was die Medien laufend über Umweltkatastrophen, Rüstungsdaten usw. vermitteln. Und Kinder nehmen bei ihren Eltern auch solche Befürchtungen und Konflikte wahr, die diese vor den Kindern zu verbergen suchen.

Kinder haben sogar einen feinen Sinn dafür, welche Ängste die Eltern in sich selbst verdrängen. So habe ich in meiner Arbeit als Familientherapeut immer wieder Kinder erlebt, die über Eheschwierigkeiten und sonstige Probleme ihrer Eltern, die diese ihnen verheimlichten, genau Bescheid wußten.

Wenn die Älteren heute in der Regel nur wenig von den Zukunftsängsten ihrer Kinder und Enkel wissen, so müssen sie sich fragen, ob sie vielleicht auch gar nicht wissen wollen, was ihren Nachwuchs bedrückt.

Wir Erwachsenen beherrschen die Technik der Verdrängung.

Wir verstehen es, die Schreckensbilder von Tschernobyl, von Ramstein, von Remscheid ebenso rasch in uns wieder zu löschen wie die Filme von verhungernden Stämmen in Afrika, von den sterbenden Robben in der Nordsee, von kranken Wäldern usw. usw. Wir verstehen es, uns in der Arbeit, in allen möglichen Zerstreuungen abzulenken. Millionen brauchen allerdings obendrein immer mehr Alkohol, Schlaftabletten und Beruhigungsmittel, um nicht doch wieder von Zweifeln daran überfallen zu werden, ob wir miteinander nicht in blindem Egoismus unverantwortbare Risiken für die Zukunft heraufbeschwören.

Kinder mögen oft oberflächlich noch so unbefangen und unbeschwert erscheinen – in ihren tieferen Phantasien und in ihren Träumen kann man, wenn man sich danach erkundigt, gelegentlich noch Nachwirkungen von Katastrophenmeldungen oder -bildern aufspüren, an die ihre Eltern längst nicht mehr denken oder zumindest nicht denken wollen. Vielfach dient es der eigenen Selbstbeschwichtigung, wenn Eltern sich gern einreden, daß das, was sie selber verdrängen, ihre Kinder keinesfalls beschäftige. Und so halten sie es gar für eine Fürsorgepflicht, die ihnen selbst unangenehmen Themen möglichst nicht ausführlicher mit den Kindern zu besprechen, obwohl sie diesen damit besonders die Angstverarbeitung erschweren.

Die in diesem Buch gesammelten kleinen Aufsätze sollte man lesen, um unsere Kinder besser zu verstehen, aber vor allem auch, um sich mit der ungeschminkten gesellschaftlichen Wirklichkeit zu konfrontieren, die hier gespiegelt wird.

Horst-Eberhard Richter

Stauseen statt Atomkraftwerken

Ich bin in der DDR geboren. Vor acht Wochen sind meine Eltern und Geschwister und ich hierher gekommen, und es gefällt uns hier. Als wir nach Gießen kamen, sahen wir zum ersten Mal die Grenze in Deutschland und uns wurde bewußt, wie eingesperrt wir gewesen waren. Ich wünsche mir, daß Deutschland wieder eins wird und daß wir unsere Verwandten öfter sehen können.
Es tut mir leid, daß in vielen unterentwickelten Ländern Krieg herrscht und die Menschen hungern müssen. Man lebt in ständiger Angst und meint, es könnte jede Sekunde ein Krieg ausbrechen, denn auch in den entwickelten Ländern werden Bomben gebaut. Jedes Land denkt anders, deshalb braucht man sich doch nicht zu bekriegen. Man müßte eher in vielen Sachen zusammenarbeiten.
Ich habe auch Angst vor Atomkraftwerken. Wenn so ein Reaktor einen Fehler hat, kann er den halben Kontinent verseuchen. Dann kann man nicht mehr spielen gehen, nichts essen und trinken. Tiere müssen sterben, weil sie verseuchtes Futter fressen. Statt Atomkraftwerken könnte man Stauseen anlegen und die Wasserkraft nutzen. Die Nutzung von Sonnen- und Windenergie ist auch ungefährlich. Die Erde ist für alle da, und Umweltverschmutzung schadet allen.

Andrea Forbriger (12), Singen

Wir bräuchten eine zweite Arche Noah

Wenn es unsere Erde im Jahr 2900 überhaupt noch gibt, dann stelle ich sie mir ungefähr so vor, wie sich Orson Welles einmal das Jahr 1984 vorgestellt hat: „Big Brother is watching you." Nur stelle ich sie mir noch schrecklicher vor. Robben bekommt man nur noch auf Fotos zu Gesicht. Schmetterlinge wird es nicht mehr geben, die Wälder werden weiter am Dreck in der Luft sterben, oder sie werden Opfer der Skilifte. Das Ozonloch wird riesig gewordenen sein. Die Menschen werden nur mit Sauerstoffmasken rumlaufen können. Und vielleicht wird es einen Atomkrieg geben.

Daß alles wieder gut wird, glaube ich persönlich nicht. Wir haben unsere Umwelt ja jetzt schon so gut wie vernichtet. Es gibt kein Zurück mehr. Eine zweite Arche Noah bräuchten wir doch eigentlich jetzt schon!

Sabine Peters (12), Rheinbach

Paolo Alfiero (9), Velbert

Roboter brauchen keinen Lohn

Ich glaube, daß es im Jahr 2000 in den Fabriken nur noch Roboter gibt. Die können schneller arbeiten und bekommen keinen Lohn. Aber wenn es kaum noch Menschen gibt, die eine Arbeit haben, dann haben sie auch sehr wenig Geld. Deshalb können sie die Sachen, die in den Fabriken hergestellt werden, auch nicht kaufen. Also wird es umsonst hergestellt. Ich frage mich, warum das so ist.

Wenn ich dann später mal einen Beruf suche, gibt es vielleicht nur noch sehr, sehr wenige. Ich bekomme keine Stelle und bin arbeitslos. Was soll ich dann machen? Irgendwie habe ich etwas Angst vor der Zukunft.

Stefanie Kratz (12), Mücke-Ruppertenrod

Gibt es überhaupt noch eine Zukunft?

Zukunft? Was ist das? Ich denke oft darüber nach, ob es das überhaupt noch gibt. In so einer Umwelt, in der wir leben. Aber da sind wir ja selber dran Schuld. Wir haben alles verschmutzt. Nichts als Müll und Abgase. Dadurch sterben die Bäume ab. Ohne Bäume können wir nicht mehr leben, weil sie uns den Sauerstoff liefern, den wir zum Leben brauchen. Also gibt es keine Zukunft mehr für uns und erst recht nicht für unsere Kinder und deren Kinder.

Unsere Kinder müssen in der von uns zerstörten Umwelt leben, da haben sie doch keine Zukunft.

Eigentlich stelle ich mir meine Zukunft lieber so vor: Alles ist wieder schön, es gibt nicht so viel Müll, und alle kümmern sich um die Natur.

Andrea Dieter (14), Weilheim

Der Rhein ist so schmutzig

Ich sehe, daß der Rhein so schmutzig ist. Ich bin jetzt sieben Jahre alt und möchte gern, daß ich im Rhein schwimmen kann. Auch wenn ich mal Kinder habe, will ich mit ihnen im sauberen Wasser baden. Dann könnten auch alle Fische wieder atmen und leben.

Meine Tante hat mir erzählt, daß die Wälder sterben, weil die Wurzeln der Bäume keine gute Nahrung bekommen. Ein Indianerspruch heißt: „Wenn der Wald stirbt, stirbt auch der Mensch." Ich möchte nicht, daß so etwas Schreckliches passiert.

Lotta Gorski (7), Wiesbaden

Am Ende vernichtet der Mensch sich selbst

Es wird sicher keine gute Zukunft geben. Denn der Mensch vernichtet die Umwelt und die Tiere, wie man es ja beim Robbensterben gesehen hat. Und wenn es so weitergeht, vernichtet der Mensch sich am Ende noch selbst.

Zum Beispiel das Ozonloch. Wenn es erst mal da ist, sieht es später schlecht für uns aus. Die harten Strahlen der Sonne knallen auf die Erde. Und es gibt fast nur Wüste. Ein anderes Beispiel ist der tropische Regenwald. Der Mensch ist dabei, ihn abzuroden. Danach gibt es uns wohl nicht mehr. Oder jedenfalls wird es uns nicht mehr lange geben. Denn von dem tropischen Regenwald kommt sehr viel Sauerstoff für uns. Doch die Politiker reden und reden, aber unternehmen? Sie unternehmen nichts.

Einige Menschen hungern. Andere Menschen kaufen Feuerwerkskörper. Wieviel Geld für so ein unnützes Zeug ausgegeben wird! Mit diesem Geld kriegte man

Millionen hungernde Menschen satt. Und erst, wenn der letzte Baum im allermodernsten Museum steht, wissen die Menschen, was sie angestellt haben.

Bettina Bonetto (11), Osterode

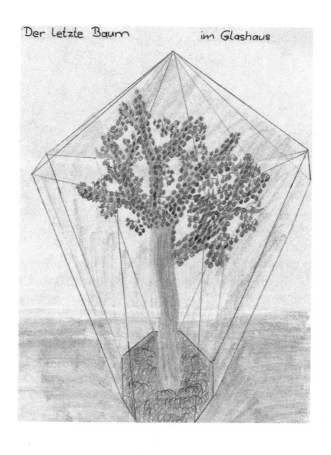

Martin Hundhammer (10), Geisenhausen

Kein Fisch wird mehr im Meer schwimmen

Wenn ich einmal mit 50 Jahren aus dem Fenster schauen werde, dann werde ich nur noch Straßen und Häuser sehen. Die Natur wird dann vollständig „zugemauert" und „zubetoniert" sein. Nur noch an manchen Stellen steht ein Gräschen. Der letzte Baum wird in einem Glashaus stehen.

Kinder, die in der Zeit auf die Welt kommen, fragen ihre Eltern, was das für ein komisches Gebilde in diesem Glaskasten sei. Die Luft wird so verschmutzt sein, daß ältere Leute Gasmasken tragen müssen. Tiere, die vorher dem Menschen gefährlich, aber auch nützlich waren, sind dann schon ausgestorben. In der Nordsee und in allen Meeren der Welt wird kein einziger Fisch mehr schwimmen, und das Baden an Stränden wird verboten sein. Am Schluß werden die Menschen durch ihre eigene Schuld sterben, weil sie die Natur und alle Lebewesen zerstört und getötet haben.

Martin Hundhammer (10), Geisenhausen

Ich fühle mich betrogen und ohnmächtig

Die Arme über den herangezogenen Beinen verschränkt und den Kopf zwischen den Knien sitzt ein vierzehnjähriges, einsames Mädchen auf dem Bett. Dieses Mädchen in meiner Geschichte bin ich. Meine Seelenarbeit ist keine Flucht in eine Welt voller Illusionen. Ich fühle mich von allen betrogen, besonders von den Erwachsenen, aber am meisten von den „Big Bossen", die sich Politiker und treue Diener des Staates nennen. Aber sie sind es eindeutig nicht. (Es gibt natürlich auch Ausnahmen, die aber eine extrem kleine Minderheit in unserer Regierung bilden.)

Durch diese Menschen, die sich mit ihren billigen Versprechungen und belanglosen Reden brüsten, habe ich meine Hoffnung, meine Träume und Wünsche verloren. Denn sie sind es, die wettrüsten, die massenhaft atomare Waffen ansammeln, um unsere Erde irgendwann einmal zu zerstören. Sie sind es, die sich damit beruhigen, daß die Arbeitslosigkeit von uns Jugendlichen kein Problem mehr ist. Und sie sind es, die die wahnsinnige Umweltzerstörung zulassen und sich voller Egoismus und Selbstgefälligkeit an ihrem eigenen Wohlstand und Reichtum schamlos erfreuen, während andere Menschen auf dieser Welt an Hunger- und Folterqualen zugrunde gehen.

Jedesmal, wenn ich mir dies alles vor Augen halte, schnürt sich mir die Kehle zu und ich bin der Übelkeit nahe. Ich bin ohnmächtig, hilflos und kraftlos deshalb, weil ich diese Menschen einfach nicht von ihrer Gleichgültigkeit und ihrer entsetzlichen Ignoranz abbringen kann. Ich kann unmöglich eine ungerechte, hoffnungslose Welt und eine ganze Heerschar von herzlosen Machthabern mit Menschengesichtern zur Vernunft bringen. Schließlich sind wir Jugendlichen es, die später in der uns bevorstehenden Hölle leben müssen und nicht sie, die Alten.

Es ist alles so verdammt kompliziert, daß ich mich mehr und mehr in meinen Zukunftsängsten verfange und einfach aus allem aussteigen will. Aber wie nur? Wie? Es ist unmöglich so abrupt auszusteigen. Es sei denn durch Selbstmord. Aber das ist hoffentlich nicht die einzige Lösung. Es wäre unerträglich für mich zu wissen, daß wir Jugendlichen, die wir doch so unentbehrlich für die Zukunft sind, daß wir aus unserer Frustration und Ohnmacht heraus wortlos und von dieser Welt gehen, ohne je ein Wort gesagt zu haben und ohne uns aufgelehnt zu haben... Ich will damit ausdrücken, daß wir vielleicht doch noch eine Möglichkeit haben, unsere Zukunft vor dem, was kommen könnte, zu bewahren. Indem wir mit unserer Kreativität und Zivilcourage (nicht mit Drogen, Selbstmord, Aggressivität und Resignation) alles zum Positiven bewegen können. Deshalb würde ich allen Jugendlichen raten, sich mit ganzer Kraft in der Politik und im Umweltschutz zu engagieren.

Tülin Cetin (14), Herne

Krieg ist meine schlimmste Angst

Obwohl ich noch ein Kind bin, denke ich oft an meine Zukunft, und ich weiß nicht, ob ich mich auf sie freuen soll oder nicht. Eigentlich kann man sich seine Zukunft gar nicht so richtig vorstellen, weil das, was man sich wünscht und hofft, bestimmt nicht eintreffen wird. Ich wünsche mir so viele Dinge für meine Zukunft, die es vielleicht einmal einzeln geben wird, aber nie zusammen. Sonst wäre die Welt zu vollkommen, und so etwas wird es nie geben.

Ich hoffe, daß es niemals mehr Krieg geben wird, weil ich von meinen Eltern gehört habe, wie schlimm Krieg ist. Menschen rotten Menschen aus, es wird gehungert. Familien werden getrennt, und Häuser werden vernichtet, und andere schlimme Dinge werden gemacht. Ich finde, daß Krieg eine der schlimmsten meiner Ängste ist. Bis heute sind die Wunden vom letzten Krieg noch nicht geheilt, deswegen müssen wir alle um den Frieden kämpfen.

Annette Helmrich (12), Wörrstadt

Noch mehr Wälder werden sterben

Meine Zukunft sieht so aus: Es wird wohl mehr und mehr Gift- und Atommüll geben. Es werden noch mehr Wälder sterben, weil sie durch den Gift- und Atommüll keine Chance haben, richtig zu „atmen". Es wird mehr Autos geben. Diesel müßte man abschaffen. Und natürlich auch Atombomben.

Manfred Weber (10), Delligsen

„Meine Zukunft"
oder „die Zukunft aller Menschen und Tiere."

Zukunft ist ein übergroßes Meer,
voller Hoffnung, Träume und noch mehr.

Hoffnung auf ein besseres Leben,
ohne Arbeitslosigkeit,
ohne Müllskandal, und Sorgen,
ohne Kriege, ohne Leid.

So eine Zukunft wäre prima,
doch ich glaube nicht daran.
Denn die Gier nach Geld und Macht,
hat schon viels kaputt gemacht.

Denkt nur an die vielen Robben,
welche Zukunft haben sie?
Helft sie uns noch schnell zu retten,
eh sie ausgestorben sind.

Könnte man die Zukunft sich erträumen,
ach das wäre schön
Doch man darf nicht immer träumen,
man muß die Wirklichkeit auch sehn.

So in dreißig, vierzig Jahren,
oh, wie mag es aussehn dann?
Wird es dann noch Menschen geben,

und wie werden sie dann leben
oder hat Atom die Welt zerstört.

Stelle ich mir meine Zukunft vor,
Weiß ich nicht was wird geschehn.
Denn ich bin ja nur ein Tropfen in
dem übergroßen Meer —

Euer Sönke

Sönke Eikermann (10), Elmshorn

Gefühle haben keinen Platz mehr

Ich möchte nicht über meine Zukunft schreiben, sondern über die Zukunft der Erde. Ich mache mir nämlich schon lange Gedanken über die Zukunft, nicht, wie manche Leute glauben, über Kaugummis, Discos und Comics.
In Zukunft werden wir alle in Hochhäusern, ähnlich wie Konservendosen, leben. Die Menschen laufen in Schutzanzügen mit Sauerstoffhelmen herum. Jeder ist in Hetze. Die Tiere sind durch das Gift, das wir in die Luft pumpen, gestorben. Bäume und Sträucher sind zubetoniert. Niemand denkt mehr an gesunde Luft, Tiere und Liebe. Der Mensch ist zur Maschine geworden. Kinder leben in Erziehungsheimen, wo sie nichts anderes lernen können, als Computer zu steuern und Reaktoren zu bedienen. Gefühle haben keinen Platz mehr.
So wird unsere Welt, wenn man nichts dagegen tut. Aber man kann viel tun, um uns und die Welt zu retten, zum Beispiel Produkte, die wir täglich kaufen, umweltfreundlicher verpacken. Manchmal wünsche ich mir, daß ein riesiger Vulkanausbruch all unsere Mülldeponien, Kernkraftwerke und Atommeiler weit wegschleudert, so daß einige vernünftige Menschen unsere Erde neu aufbauen können.

Tanja Kasten (11), Bockenem

Kann man das nicht ändern?

Ich stelle mir vor, es wird eine verpestete Welt später werden. Und die Leute werden mit Gasmasken rumlaufen, und sie wird schrecklich aussehen. Und man kann das nicht ändern, glaube ich.

Nadine Finkenstädt (9), Allendorf-Haine

Matthias Söldner (9), Rimpar

Werden wir noch hier leben können?

Unsere Umwelt wird eines Tages zu einer Katastrophe werden, weil sie zu viel verschmutzt ist. Die Menschen werden in ungefähr 200 bis 300 Jahren gar nicht mehr auf der Erde leben können. Die Fabriken werden immer Giftstoffe in die Luft abgeben. Auch die Autos schaden unserer Umwelt. Wenn man nicht bald etwas unternimmt, werden die Menschen aussterben.
Ich wünsche mir, daß jeder mitmacht, unsere Umwelt zu retten.

Dennis Karrenbauer (9), Völklingen

Hoffentlich geschieht das nicht

Ich stelle mir die Zukunft so vor: Wenig Natur wird es geben. Die Autos werden das Land und die Luft verpesten. Dann wird es bald keine Tiere mehr geben. Die Bäume und Pflanzen werden sterben. Und langsam wird der Mensch zugrunde gehen und auch sterben. Und das wird langsam in den Jahren geschehen.
Hoffentlich geschieht es nicht.

Anne Schmidt (9), Heilbronn

Wie eine Mülltonne von innen

Eigentlich habe ich noch nicht so genau über meine Zukunft nachgedacht.
Manchmal wünsche ich mir, mal Erwachsener zu sein. Immer hört man: „Ihr seid ja noch Kinder, früh ins Bett!" Dann wird auch gesagt: „Was wißt ihr schon davon? Verstand kommt mit dem Alter." Das ist doch Quatsch.
Zum Beispiel unsere Umwelt. Was machen denn die großen Leute? Sie verschmutzen unsere Umwelt und zeigen uns auch noch, wie's gemacht wird. Nach Tschernobyl mit den Atomen, da redet keiner mehr davon. Wir durften nicht in den Sandkasten und keinen Schnittlauch essen, oder Pilze und so weiter. Alles, was wir im Garten geerntet haben, mußte weg. Da haben wir Angst gehabt. Meine Eltern sagten: „Was machen die da mit uns? Jetzt ist nur ein Atomkraftwerk hochgegangen, und wir haben was abgekriegt von dem Gift. Und alle sagen, seid schön ruhig, das ist nicht so schlimm, alles halb so wild."
Wenn so was passiert wie Tschernobyl, da habe ich Angst, daß ich mit einer Gasmaske rumlaufen muß, wenn ich groß bin. Vielleicht sieht im Jahr 2000 unsere Welt wie eine Mülltonne von innen aus. Und wir, die jetzt

noch Kinder sind, müssen da durch. Nur, weil die Erwachsenen nichts dagegen tun und die Politiker reden und machen lassen. Aber vielleicht ist das im Jahr 2000 anders, und jeder hat mehr zu sagen, nicht nur Kohl und die. Vielleicht dürfen wir dann auch was sagen und bestimmen und nicht immer nur zuhören.

Ich höre immer, wir in Deutschland leben am besten, weil wir sagen dürfen, was wir wollen. Ich sage dann: Was nützt es, weil ja doch kein Politiker darauf hört.

Was besser wird im Jahr 2000? Na ja, vielleicht, daß sie dann unseren Weltraum mehr erforscht haben. Ach nein, was soll ich damit anfangen. Die Politiker sollen sich erst mal um uns kümmern – schöne Schulen ohne Stress und so. Aber besser wird bestimmt die Forschung. Wenn man ein Mittel gegen Krebs findet, das wäre toll.

In der Zeitung soll ganz viel über Umweltverschmutzung geschrieben werden, aber so, daß wir Kinder es begreifen. Nicht mit so vielen Fremdwörtern. Dann können wir es auch verstehen und den Erwachsenen damit auf den Wecker fallen, bis sie begreifen, daß wir keine schmutzige, kranke Welt wollen.

Gerade beim Schreiben fällt mir auf, ich habe ja wohl doch schon über die Zukunft nachgedacht, und ich denke auch weiterhin darüber nach. Doch wer, außer Euch, will das schon von uns Kindern wissen? Wir sind eben Kinder.

Kerstin Fahrland (11), Vreden

Jan Knöttig (12), Edewecht-Wildenloh

Als Fußballer möchte ich saubere Luft atmen

Es werden so viele Waffen hergestellt. Ich bin jetzt acht Jahre alt und möchte gern in einer Welt ohne Waffen leben. Im Fernsehen habe ich gesehen, daß überall Atomkraftwerke gebaut werden. Das finde ich sehr gefährlich. Ich habe gehört, daß man Strom aus Wind-, Wasser- und Sonnenenergie erzeugen kann.

Ich wünsche mir, daß bald alle Autos, alle Eisenbahnen, alle Straßenbahnen, alle U-Bahnen und alle Flugzeuge unsere Luft nicht mehr verpesten. Wenn ich groß bin, möchte ich gern Fußballer werden, und ich möchte gern saubere Luft atmen und auf einem sauberen Spielfeld spielen können.

Max Gorski (8), Wiesbaden-Kohlheck

Die Fabrikbesitzer sollen nachdenken

Ich hoffe, daß ich später in sauberen Flüssen und Seen schwimmen kann und nicht im Schmutzwasser. Auch möchte ich später noch durch einen schönen Laubwald gehen und nicht durch einen Wald voll abgestorbener Bäume.

Ich habe Angst, daß durch den ganzen Giftmüll manche Tiere bald aussterben. Ich wünsche mir für die Zukunft: Daß die Natur erhalten bleibt, daß die Tiere geschützt werden und daß einige verantwortliche Fabrikbesitzer erst überlegen, bevor sie ihren Giftmüll irgendwo hinkippen!

Katrin Wemmer (10), Duisburg

Da habe ich gemalt, wie die Kinder
spielen und sich freuen. Auf diesem Bild sind keine Hochhäuser
und nicht so enge Straßen. Hier
können sie sich austoben.

Dovor habe ich Angst. Diese Menschen wollen sich nur mehr Land
erobern. Sie schießen und es entsteht ein Krieg. Die Menschen sterben
und alles wird zerstört.

Katrin Forbriger (8), Singen

Wir Kinder müssen den Dreck übernehmen

Mit meinen zwölf Jahren meine ich, auch schon meine Meinung äußern zu dürfen, denn schließlich sind es ja wir Kinder, die den Dreck von den Großen übernehmen „dürfen".

Wenn ich überlege, wie es jetzt schon bei uns aussieht. Wie wird es dann im Jahr 2000 aussehen? Zum Beispiel die Nordsee. Meine Hoffnung ist, daß die Politiker aufwachen. Das Seehundsterben, die Schaumwolken, der Algenteppich, wo führt das noch hin?! Können meine Kinder und Enkel keine Nordsee mehr erleben?

Meine größte Angst ist aber das Kernkraftwerk Neckarwestheim ganz hier in der Nähe. Es ist vielleicht ein Fahrtweg von einer viertel Stunde. Wenn da mal etwas wäre, wären wir hier die Ersten. Eine andere Angst sind mir die Atomraketen. Die ganz Großen – Reagan und Gorbatschow – gehen damit um, als wenn die Dinger ein Spielzeug wären. Die Heilbronner Waldheide ist wiederum in unsrer nächsten Nähe. Aber langsam tun sie's kapieren: Sie rüsten ab.

Nachts, wenn ich nicht schlafen kann, überlege ich mir immer, was los wäre, wenn es in Neckarwestheim Alarm gibt...

Das Geld, mit dem die Atomraketen gebaut werden, könnte man doch den hungernden Menschen in der Dritten Welt zukommen lassen, man könnte Filterungsanlagen für die stinkenden Fabriken bauen, Entsorgungsstätten für Giftmüll machen, Krankenhäuser bauen. Ich könnte noch so viel aufzählen. Aber wenn ich mir das jetzt mal so überlege: Ich kleines Mädchen denke darüber nach und tue auch meinen Anteil zum Umweltschutz. Und die Großen, die „am Hebel" sitzen, die tun nichts!

Ich habe mich sehr gefreut, daß auch mal jemand uns Kindern zuhört.

Melanie Kaiser (12), Nordhausen

Mein Aufsatz zum Thema: „Meine Zukunft"

Meine Zukunft

Ich gehe durch die Straßen, überall sind abgestorbene Pflanzen. Die Flüsse, Seen und Meere enthalten kein Lebewesen mehr. Alles voller Gifte. An jeder Mauerecke liegen Müllberge. Die meisten Tierarten gibt es nicht mehr, ausgerottet. Die Wälder abgeholzt. Warum hat niemand das verhindert? Plastik, wo man hinguckt Plastik und Müllberge.

Fabian Bernecker (10), Helmstedt

Niemand wird richtig glücklich sein

Ich denke oft und viel über die Zukunft nach. Manchmal bekomme ich Angst vor der Zukunft. Die Menschen werden sich nur noch für Dinge wie Computer, Autos und so weiter interessieren, nicht etwa für die Probleme und Sorgen der Mitmenschen, und egoistisch werden und Einzelgänger werden. Und schließlich langweilen sich die Menschen dann. Sie haben einfach zu viel. Niemand wird richtig glücklich sein. Nur Unfriede wird herrschen und Neid, denn der Mensch will immer mehr haben. Er wird habgierig und neidisch auf andere. Es herrscht Streit in der Zukunft, viel Streit und Krieg. Die Menschen werden immer mehr Atombomben bauen, um einem feindlichen Land zu beweisen, wer stärker ist.
Am schönsten fände ich es, wenn in Zukunft nie mehr Krieg und Streit herrschen wird.

Carmen Breuer (13), Wenden-Schönau

Carolin Galuba (12), Dülmen

Was habt Ihr aus der Welt gemacht?

Ich habe Angst vor dem Altwerden, vor der Zukunft. Am liebsten möchte ich sie stoppen, die Zeit. Vielleicht auch ein bißchen zurückdrehen, ein paar Jahre?
Wo's noch keinen sauren Regen gab, damals...
Ich sehe mir die Blumen an in unserem Garten. Die Blätter werden so komisch, so weiß. Die Knospen gehen nicht richtig auf, gehen langsam kaputt.
Ich sehe mir die Tannen an und trauere um jeden braunen Zweig, der doch früher noch so grün war.
Im Fernsehen sehe ich die Seehunde, die Tag für Tag in der Nordsee sterben. Auch sehe ich die Vögel an der Nordsee. Ihre Flügel sind verklebt.
Dann geh ich raus, will ausspannen. Der Qualm von den Fabriken und den Autos liegt überall in der Luft.
Ich geh in mein Zimmer, setz mich in eine Ecke und frage mich: Menschen, was habt ihr aus der Welt gemacht?

Martina Rao (13), Wuppertal

Es gibt keine Geheimnisse mehr

Wenn die Entwicklung auf der Erde so weitergeht, möchte ich nicht gern in der Zukunft leben, da ich mir vorstellen kann, wie es sein wird: Alle Menschen sind arbeitslos, weil die Arbeiten nur von Robotern gesteuert werden. Wo vorher zwei oder drei nette, unterhaltsame Kassiererinnen im Supermarkt gesessen haben, ziehen einem dann Roboter das Geld aus der Tasche. Niemand züchtet selbst Obst und Gemüse, alles ist in Konserven verpackt.
Jeder Mensch wird genau überprüft. Es gibt keine Geheimnisse mehr. Die sonst so ausgelassenen Kinder sind

stumm und lachen und spielen nicht mehr. Sie müssen schon von klein an alles lernen und müssen gehorchen. Auch wenn ihnen etwas nicht paßt, dürfen sie nicht widersprechen.

Carolin Galuba (12), Dülmen

Auf jeden einzelnen kommt es an

Mein Kindheitstraum war es immer, Popstar zu werden, Geld zu verdienen und nach meiner Karriere als Sängerin in ein Landhaus zu ziehen, um mich völlig meiner Familie und der Natur zu widmen. Doch wenn ich jetzt über meine Zukunft nachdenke, wird mir übel... Wird die Welt später noch für mich offenstehen? Vor mir sehe ich den Reaktorunfall von Tschernobyl, das Robbensterben, den sich allmählich zuziehenden Strick des Treibhauseffekts...

Hinzu kommt noch die Angst vor dem Erwachsenwerden, den Entscheidungen. Wenn ich ehrlich bin, denke ich im Alltag nicht viel an Krieg, es bedrücken einen eher die kleinen Sorgen. Oder auch große, wie man es nennen will.

Was ist mit den Generationen nach uns? Die werden sich wohl für die „heile" Welt, die wir ihnen geschaffen haben, sehr bedanken. Auch ich möchte später nicht an Hautkrebs sterben oder zwischen radioaktiven Müllhalden leben. Wenn jeder Mensch bereit wäre, etwas für den Umweltschutz zu tun, hätten wir den ersten großen Schritt schon hinter uns. Auch ich könnte viel mehr tun, das muß ich mir klar machen. Auf jeden Einzelnen kommt es an!

Carolin Michel (14), Breidenbach

So stelle ich mir meine Zukunft vor!

In einigen Jahren ist alles kaput. Es gibt keine Wälder und Pflanzen mehr. Einige Menschen versuchen zu überleben. Überall liegen tote Tiere. In jedem Garten liegen Blechdosen und Plastik herum. Auch auf den Straßen liegt der Müll. Das Wasser ist verseucht. Nichts wächst mehr, weder im Wasser noch in der Erde.

Damit das nicht passiert, sollte man alle Menschen die unsere Erde vergiften ins Gefängnis stecken. Dort können sie keinen schaden. In allen Fahrzeugen müßten Motoren eingebaut werden, die nicht die Umwelt verpesten. Es wäre schön wenn unsere Erde bald wieder Gesund wird.

Till Skiba (8), Iserlohn

Ob es noch Tiere gibt, wenn ich groß bin?

Ich finde es doof, daß die Bauern so viel spritzen. Deswegen gibt es nur noch so wenige Schmetterlinge, und die Bienen sterben auch daran. Es gibt auch kaum noch Frösche, und viele Vogelarten sind schon ausgestorben.
Wenn jetzt schon so viele Pflanzen und Tiere ausgestorben sind, frage ich mich, ob es noch Tiere und Pflanzen gibt, wenn ich groß bin?

Manuel Maciewski (8), Bremke

Die Müllberge werden immer größer

Ich stelle mir meine Zukunft so vor, daß es große Städte gibt, in denen man nur selten etwas Grünes, eine Pflanze, sieht. Es gibt mehr Arbeitslose als jetzt, weil überall noch mehr Computer und Maschinen eingesetzt werden. Riesige Fabriken und Industrien, die immer mehr und mehr produzieren und den vielen Abfall, Schmutz und die Abgase in Flüsse, Seen und in die Luft leiten. Noch mehr Autos, die ihre Abgase auch in die Luft abgeben.
In den Haushalten wird noch mehr gewaschen, gespült und so weiter. Somit wird viel Waschpulver, Spülmittel, Schampoos, Duschgels, Düngemittel und vieles andere in die Flüsse und Seen geleitet. Haarsprays, Insektensprays, Parfums und anderes werden in die Luft gegeben. Die Müllberge werden von Jahr zu Jahr größer, so daß man nicht weiß, wohin damit. Weil so viel Dreck in dem Wasser ist, das wir wieder trinken wollen, muß es gereinigt werden. Doch danach ist es trotzdem noch nicht von allen Bakterien und Krankheitserregern frei, deshalb werden dann viele von uns krank, viele sterben daran. Ein Teil der Menschheit bekommt Krebs wegen der ultra-

violetten Strahlung. Denn von der Ozonschicht ist nur noch wenig da. Die Natur geht langsam, aber sicher zugrunde, und wir Menschen sterben auch.

Vielleicht wird, bevor das passiert, eine große Hungersnot kommen, weil alle habgieriger und geiziger werden und den Armen und Kranken nicht helfen. Deshalb kann dann ein Krieg entstehen. Wenn dann Atombomben fallen, gibt es auf unserer Welt nicht mehr viel zu retten. Oder kann ich hoffen, daß meine Zukunftsvorstellung nicht eintrifft, indem die Menschen jetzt schon zu einem anderen Denken und Handeln kommen?

Irmgard Hug (12), Aach-Linz

Alle hetzen zur Arbeit

Unsere Zukunft stelle ich mir schrecklich vor. Alle hetzen zur Arbeit, und keiner läßt sich mehr Zeit. Was die Kinder machen, ist den Erwachsenen egal. Die können ihretwegen den ganzen Tag vor der Glotze sitzen.

In den Kinderzimmern wird es in 20 Jahren anders aussehen als heute: Alles nur Plastikspielsachen. Selbst die Kleinen werden schon einen Computer besitzen.

Olivia Benitz (11), Wolfsburg

Hast du einmal darüber Nachgedacht
daß es Wichtigeres gibt als Geld.
Und dir Sorgen Gemacht
über den Zustand unsrer Welt.

Mevlit Daglar (12), Hamburg

Man müßte noch viel mehr tun

Ich habe große Angst, in dieser Zeit zu leben, mit Atombomben und Umweltverschmutzung. Ich meine, man müßte härter kontrollieren, was Fabriken in die Gewässer leiten. Aber das ist ja nur ein Bruchteil von dem, was man alles noch machen muß, um die Umwelt zu entlasten. Man müßte auch abrüsten und die Bomben und Waffen und die anderen schrecklichen Dinge verschrotten.
Wenn ich etwas zu sagen hätte, müßten alle Fabriken Filter in ihren Schornsteinen haben. Alle Autos dürften nur noch mit Katalysator fahren. Man müßte aber noch viel mehr tun.

Mark Raudies (13), Bad Wildungen

Wenn ich doch nur zaubern könnte!

Die Umwelt wird nicht mehr sauber sein. Immer mehr Tiere sterben aus. Sogar die Hasen sterben aus. Es wird bald keine Tiere mehr geben. Wir ersticken in der verschmutzten Umwelt. Wenn ich zaubern könnte, würde ich zaubern, daß die Umwelt ganz sauber ist. Wenn ich Kinder bekomme, sollen sie eine gesunde Umwelt haben.

Sabine Ratjazak (10), Hannover

So soll die Welt nicht werden

Ich habe Angst, wenn die ganze Luft vergiftet ist von den Abgasen der Autos. Nachher kommt es so weit, daß die Leute Gasmasken aufsetzen müssen. Die Blumen verwelken, und alles ist voll Gas.
So soll die Welt nicht werden! Dafür müssen die Leute helfen, daß so was nicht passiert.

Carina Eckel (9), Allendorf

Hoffentlich tun die Politiker etwas

Im Jahr 2000 wird es hoffentlich Politiker geben, die ihre Versprechen auch halten. Die etwas für die Umwelt tun und nicht nur darüber reden. Denn ich hoffe, daß meine Kinder dann nicht mit einer Gasmaske zur Schule gehen müssen und ich ihnen erzählen muß, wie man in den Flüssen angeln konnte, wie es war, als die Vögel noch sangen und die Tiere über die Wiesen voller Blumen liefen. Daß man im Garten Gemüse ernten und auch essen konnte.

Aber meine Kinder werden nur eine häßliche, stinkende, giftige Welt voller Hochhäuser und Fabriken kennen. Und sie werden sagen: „Unser Papa kann herrliche Märchen erzählen." Mit der Arbeitslosigkeit wird es immer schlimmer. Nur Leute mit Fachwissen bekommen noch gute Arbeitsplätze und verdienen viel Geld. Die anderen bekommen nur einen Hungerlohn und wissen nicht, wie sie ihre Familien satt bekommen sollen. Dadurch entsteht auch sehr viel Neid und Streit in der Welt. Der Unterschied zwischen arm und reich ist zu groß. Das muß man verhindern. Aber wie?

Jeder müßte ungefähr gleich viel verdienen, damit keiner auf den anderen neidisch ist und die gleichen Chancen hat, aus seinem Leben etwas zu machen. Auch Umweltverschmutzungen müssen verhindert werden.

Sören Eikermann (11), Elmshorn

Meine Zukunft

In 20 Jahren wird es Computer in den Autos geben, welche mit einem reden und sprechen können. Es wird viel mehr Verkehr geben und die Kinder können nicht mehr so gut Fahrrad fahren wie heute. Wird es immer noch so hohe Berge geben? Es wird mehr Menschen auf dieser Erde geben. Die Menschen werden sich in die Quere kommen. Die Kinder können nicht mehr so gut spielen wie heute. Unser Baby, das nächstes

Jahr auf die Welt kommt, wird es nicht so schön haben wie wir.

Robert Deberling (9), Heidenheim

Die Kinder müssen alles
wieder in Ordnung bringen

Ich finde es schlimm, daß die Kinder, die jetzt leben und die noch geboren werden, alles wieder in Ordnung bringen müssen. Wenn es so weiter geht wie jetzt, wovon sollen die Menschen im Jahr 2000 dann noch leben? Bestimmt gibt es dann neue technische Fortschritte. Es gibt bestimmt auch mehr Computer und Videogeräte. Trotzdem glaube ich, daß es mehr Nachteile geben wird.

Was sind denn 150 000 Roboter im Vergleich zu 150 000 Menschen, die bei einem Atomkraftwerkunfall, bei einem Krieg, bei verseuchtem Wasser und bei Krankheiten sterben?

Wenn alle Menschen mehr für die Umwelt tun würden, wenn nicht alle Sachen, die man kauft, doppelt und dreifach in Plastik gewickelt werden, wenn nicht jede Fabrik ihren Dreck in die Flüsse abfließen lassen würde, wenn es keine Waffen mehr geben würde, wenn es keine Spraydosen mehr geben würde, dann könnten die Menschen im Jahr 2000 bestimmt besser leben.

Annika Wilmers (11), Stadthagen

Eigentlich sind wir schon am Ende

Ich stelle mir vor, daß durch die Umweltverschmutzung viele Lebewesen sterben, so wie die Robben zur Zeit. Und daß wir viele Nahrungsmittel nicht mehr essen können und uns nur noch von Tabletten ernähren. Durch die vielen Bomben und Raketen werden Länder so verseucht, daß dort jedes Lebewesen zugrunde geht. Vielleicht werden durch die Auflösung der Ozonschicht viele Menschen an Hautkrebs erkranken. Die beiden Pole werden abschmelzen, und viele Landmassen werden vom Wasser verschluckt. Durch die Luftverschmutzung wird viel Smog entstehen, so daß wir kaum noch atmen können. Durch die Abholzung der Regenwälder entstehen noch mehr Wüsten.

Weil so viele Maschinen die Arbeit der Menschen übernehmen, wird es kaum noch Arbeitsplätze geben. Ich sehe meine Zukunft so negativ, daß ich keine Kinder in die Welt setzen will.

Eigentlich sind wir ja schon am Ende.

Marcel Maciewski (11), Bremke

Soll ich überhaupt eine Familie gründen?

Ich habe Angst um meine Zukunft. Ich möchte, wenn ich groß bin, mal eine Familie gründen. Aber ich habe ein schlechtes Gewissen, weil vielleicht gerade dann die Welt am zerbrechen ist. In so eine Welt möchte ich nicht gerade ein kleines unschuldiges Baby setzen. Vielleicht ist dann Aids was ganz normales, weil es jeder hat. Und höchstwahrscheinlich wissen Kinder später nicht einmal, was ein Wald ist. Bestimmt ist alles aus Beton und Teer. Und außerdem sterben dann auch wir Menschen so langsam ab, wenn es keine Pflanzen mehr gibt. Ich finde, daß die hohen Leute auf der Kanzel auch mal was für die Natur tun sollten, statt immer nur davon zu reden.

Heidi Kretschmer (11), Öhringen

Ich habe Angst

Ich habe Angst, wenn ich mir meine Zukunft vorstelle. Wenn ich mir vorstelle, daß die Welt später nur noch mit Häusern, Straßen, Atomkraftwerken und anderem Schmarrn zugebaut ist. Ich habe Angst, daß man später nur noch mit dem Auto vorwärts kommt, und daß die Welt von Computern beherrscht wird, und daß man deswegen womöglich noch Drogen nimmt. Ich habe auch Angst, daß ich ein Kind bekomme, das in so einer Welt aufwächst. Ist es jetzt nicht schon schlimm genug? Ich kann nur hoffen, daß die Menschheit sich ändert oder einmal darüber nachdenkt, was sie tut. Denn: Ich will leben.

Linda Peschanel (11), Uslar

Nichts wird mehr sein wie früher

Im Jahr 2000 werden wir geheiratet haben und Kinder kriegen. Wir werden arbeiten. Ich zum Beispiel will Tierärztin werden. Es wird alles sehr verschmutzt sein, weil noch mehr Fabriken gebaut werden. Alles wird sehr dreckig sein, sogar weniger Bäume werden wir haben. Die Vögel werden nicht mehr so oft zwitschern wie vorher, man kann sie fast gar nicht mehr hören.
Alles, also alles wird nicht mehr so sein wie früher. Wir werden ganz allein sein auf der Welt. Wir werden nicht mehr so lustig klingen wie vorher, sondern ganz leise und einsam werden wir klingen.

Süreyya Ülkem (10), Hannover

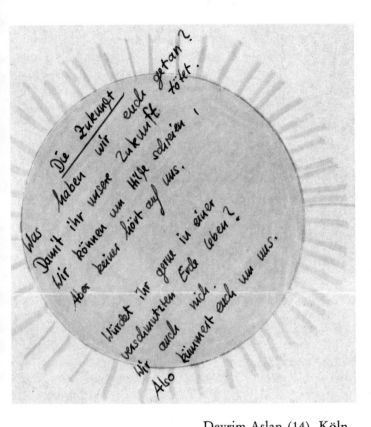

Die Zukunft

Was haben wir euch getan?
Damit ihr unsere Zukunft tötet.
Wir können um Hilfe schreien!
Aber keiner hört auf uns.

Würdet Ihr gerne in einer
verschmutzten Erde leben?
Wir auch nich.
Also kümmert euch um uns.

Devrim Aslan (14), Köln

Statt Wind gibt es Rauch

Ich bin neugierig auf meine Zukunft. Aber auch ängstlich. Ich stelle mir meine Zukunft so vor: Ein Kind spielt auf einer Wiese, und rundherum liegt lauter Müll. Dazu noch der Krach, wenn die Atomraketen hinaufgeschossen werden. In den Flüssen fließt anstatt des Wassers Öl. Es gibt fast keine Bäume mehr. Aber dafür lauter Fabriken, die die Umwelt zerstören. In den Seen ist Abwasser. Statt Wind gibt es Rauch von den Schornsteinen. Auf den Feldern liegen alte Rohre und Maschinen. Die Leute werfen ihren Müll auf die Wiesen. Die Autos fahren auch auf der Wiese, weil es so viele Autos gibt.
Ich wünsche mir, daß es nicht so sein wird. Es soll nur bunte Wiesen geben und Wälder, so daß die Pflanzen richtig wachsen können und die Tiere ungestört leben können. Und wir Menschen auch.

Tina Hofer (10), Heiningen

Leben meine Kinder mit Gasmasken?

Ich stelle mir meine Zukunft ziemlich blöd vor. Wenn man es sich richtig überlegt, dann könnte man sagen, daß man am besten keine Kinder in die Welt setzen sollte, denn wie würden die dann leben! Vielleicht mit Gasmasken oder wie? Bald gibt es keine Bäume mehr, die uns Menschen Luft zum Atmen geben, und wir müssen alle sterben.
Ich glaube, daß sich nicht alle Menschen darüber klar sind. Wir denken nur an uns selber, wie wir uns das Leben angenehm machen können, zum Beispiel mit stinkenden Autos. Aber es ist ja auch angenehm, mit dem Auto zu fahren, anstatt zu laufen.

Ilona Jedamzik (13), Wangerland-Wiefels

Die Zukunft

Heute ist die Welt so schön,
und morgen ist sie häßlich,
heute denken die Leute gut
und morgen sind sie vergeßlich.

Sie denken nicht daran,
was jeden Moment passieren kann.

Sie sitzen nur rum,
und sind ganz stumm.

Niemand ist mehr froh,
deshalb bleibt die Welt wie ein Klo.
(zum Abziehen)

David Henze (11), Kassel

Wir haben etwas von der Natur verloren

Die Menschen befassen sich mit der Welt, in der wir leben. Wir erfinden immer neue Möglichkeiten, um unsere Erde zu verändern, sie nach unseren Wünschen zu entwickeln. Wir wollen unsere Umwelt besser nutzen, um das Leben leichter und angenehmer zu machen. Wir Menschen bauen Städte, Fabriken, Straßen, wir durchbohren die Berge, wir wandeln Wildnis in Ackerland um. Das zeigt, daß wir Menschen erfinderisch sind. Aber wir müssen vorsichtig sein. Dabei machen wir kleine, aber manchmal auch große Fehler.

Die Lebensweise der Menschen, die vor vier- bis fünfhundert Jahren gelebt haben, war ganz anders. Die hatten nicht so ein angenehmes Leben, wie wir es haben. Die mußten manchmal tagelang reisen. Aber heutzutage gibt es Flugzeuge, Autos, Züge, die das erleichtern. Doch die Menschen früher hatten eine bessere Umwelt. Die lebten mit der Natur. Die Natur war so, wie sie sein sollte. Jetzt wird die Natur von uns zerstört. Wir haben unsere Umwelt und die Erde verschmutzt. Wir haben nur an uns gedacht. Wir verseuchen die Meere, wir schlagen die Wälder ab, wir bauen Fabriken. Und das Abflußwasser fließt in die Flüsse.

Wenn wir so weiter machen, wird das unser Leben beeinflussen. Den meisten von uns ist es noch nicht bewußt. Es könnte sein, daß wir in einer Welt leben, in der Menschen verhungern und verdursten, daß wir in einer Welt leben, die wie eine Wüste so heiß ist. Da können die Städte, die Fabriken, die Straßen und alles was wir gebaut haben, uns nicht mehr weiter helfen. Ich glaube, daß keiner von uns in so einer Welt leben möchte. Wenn wir in unsere Vergangenheit gucken, da sehen wir, daß die Menschen damals ein unbequemeres Leben führten. Jetzt ist unser Leben etwas angenehmer, aber wir haben etwas von der Natur verloren.

Was in Zukunft passieren wird, kommt darauf an, für was wir uns entscheiden, und was wir dagegen machen.

Abdullah Kalleşoğlu (14), Köln

Abends denke ich immer über die Zukunft nach

Wenn wir jetzt aufpassen, kann die Welt für unsere Nachkommen noch schön werden. Dann können sie nicht nur Bäume im Museum anschauen, sondern auch in der Natur.

Ich glaube aber, daß die Zukunft total vergast wird. Ich habe Angst davor. Beim bloßen Gedanken krieg ich Angst davor. Alle sagen, daß es schon werden wird, daß die Natur schon damit fertig wird. Ich sollte nicht so viel nachdenken! Aber wie kann die Natur damit fertig werden? Sie kann sich das doch nur gefallen lassen. Und wieso soll ich nicht darüber nachdenken? Ich denke immer im Bett abends darüber nach.

Auch im Zusammenleben oder im Beruf ist es das Gleiche. Zum Beispiel Aids versetzt alle in Panik. Meine Zukunft sieht dann etwa so aus: Leute verachten sich und gehen sich aus dem Weg. Man muß den erkankten Menschen zeigen, daß sie genau so gut sind, wie die anderen, daß sie kein Dreck sind.

So sieht meine Zukunft aus. Trostlos, aber es stimmt doch! Ich hoffe, daß die Zukunft besser aussieht, als ich sie beschrieben habe, jedoch habe ich Angst davor.

Claudia Gericke (14), Wangerland-Wiefels

Meine Zukunft

Ich arbeite schon im Natur - und Vogel-
schutz, denn ich möchte nicht, daß die Welt
stirbt. Wenn ich größer bin, möchte ich, da
es nicht so viele Fabriken gibt. Es sollen
keine Bäume abgesägt werden und die
Regenwälder sollen erhalten bleiben. In
meiner Zukunft sehe ich mehr Kutschen
als Autos. Es hungern so viele Länder
und das finde ich nicht gut. Es soll mehr
dagegen getan werden. Es gibt keinen
Krieg mehr auf der ganzen Welt. Viele
Leute werfen so viel Dreck in den Wald,
in einen Bach oder in einen Abfluß.

Die Menschen dürfen es nicht mehr machen.
Die Tiere müssen uns erhalten bleiben,
und keine Tierart darf aussterben. Es sollen
sich die Menschen nicht so viel streiten und
scheiden. Auch wünsche[1] mir ein saubenes
Meer.   1. ich

Die Menschen glauben nicht, daß die Welt
bald stirbt. Nur manche Kinder glauben,
daß sie bald stirbt.

Mireille Ostwald (9), Arnsberg-Voßwinkel

Das Ozonloch wird größer und größer

Wegen dem Ozonloch wird die Erde untergehen. Die Ozonschicht, die die Erde vor den ultravioletten Strahlen schützt, ist kaputt. Dazu kommen noch Autoabgase, Fabrikrauch und das Ganze bildet eine Gasglocke. Dadurch wird der sogenannte Treibhauseffekt verursacht. Das Klima steigt. In England werden Palmen wachsen.
Jetzt ist das Ozonloch schon größer als die Vereinigten Staaten! Und es wird größer und größer! In den Sprayflaschen enthaltenes Treibgas ist unter anderem Verursacher des Ozonlochs. Die Antarktis und Grönland werden schmelzen und die Erde überfluten. Dieses Unglück soll in etwa 50 Jahren passieren. Wenn das nicht eintrifft, werden wir an radioaktiven Strahlen sterben.
Außerdem ist jetzt schon jeder dritte Baum krank. Das bedeutet, die Luft wird nicht mehr genug gefiltert, wenn es kaum noch Bäume gibt. Und schon sind 14 000 Robben tot. Wenn das so weiter geht, stirbt die Art aus. Werden unsere Kinder überhaupt noch Seehunde kennen?
Gibt es eine zweite Arche Noah?
Haben wir noch Chancen zu überleben?
Ich weiß es nicht.

Astrid Riehl (11), Frankfurt

Die Menschen starben durch die Strahlen

Ein Sommermorgen im Jahr 2000: Kein Mensch in der Stadt, die Häuser sind verlassen. Unweit der Stadt steht die Ruine eines Kernkraftwerks. Es war explodiert. Hunderte Menschen starben und sterben noch. Sie wurden sofort durch die Explosion getötet oder sind langsam durch die Strahlen zugrunde gegangen. Viele Menschen sind aufs Land geflüchtet, so daß aus Dörfern bald Städte wurden. Dort, wo es noch ein bißchen Natur gibt, leben die Politiker und sonstige reiche Menschen. Bauern gibt es kaum mehr. Sie konnten nicht mehr existieren. Statt dessen gibt es riesige Zuchtanlagen, in denen die Tiere eng gedrängt stehen. Keines von ihnen hat jemals die Sonne, den Himmel oder frisches Gras gesehen.

Frank Staudemaier (14), Adelmannsfelden

Wir fangen doch erst an zu leben

Es ist unsere Zukunft, über die heute entschieden wird. Möglich, daß ich es zu drastisch sehe, aber das ist meine Meinung. Eigentlich ist es so, daß ich mich vor der Zukunft fürchte. Manchmal frage ich mich, ob wir das Jahr 2000 überhaupt noch erleben. Bei der Umweltverschmutzung und dem Haß der Völker gegeneinander ist das vielleicht eine berechtigte Frage.

Das Ozonloch zum Beispiel wird immer größer. Die Ozonschicht, ein wichtiger Schutz vor gefährlichen Strahlen, wird immer weniger. Daß dieses Schwinden vom Treibgas in den Spraydosen kommt, wissen inzwischen alle. Aber keiner kümmert sich darum. Verbote gegen Spraydosen werden erst in vielen Jahren in Kraft treten. Und selbst dann werden die Spraydosen erst um die Hälfte reduziert. In dieser Zeit passiert viel. Vielleicht sind wir dann schon an der gefährlichen Strahlung zugrunde gegangen?

Ähnlich ist es mit der Radioaktivität. Sie ist auch gefährlich. Daß Kernkraftwerke sein müssen, ist ja vielvertretene Meinung. Aber durch Wasserkraft, Windstärke, Müll und so weiter kann auch Strom erzeugt werden. Keiner verlangt einen sofortigen Kernkraftstopp. Aber ist eine Umstellung auf vielseitige Energiegewinnung so abwegig?

Es gibt noch Hunderte von Dingen, die man ansprechen könnte. Aber eins will ich zum Schluß noch sagen: Die Leute, die über uns zu bestimmen geruhen, die Erwachsenen, müssen bedenken, daß wir, die Kinder und Jugendlichen, in der Welt leben müssen, die sie uns hier überlassen. Ihnen ist das ja egal. Ihr Leben ist sowieso schon bald vorbei. Aber wir fangen gerade erst an zu leben. Es ist unsere Zukunft, mit der sie spielen. Können sie das vor uns verantworten?

Sylvia Rapp (14), Weissach

Wer gibt uns eine Antwort?

Mich schüttelt's, wenn ich an meine Zukunft denke! Soll sie wirklich so aussehen, daß immer noch mehr als 35 Stunden in der Woche, Samstag und Sonntag gearbeitet wird und das Rentenalter erhöht wird? Sollen wir die Folgen einfach so wegstecken? Werden unsere Kinder später nicht wissen, wie es ist, mit den Eltern einen Sonntagsspaziergang zu machen, da wir sonntags arbeiten? Oder können wir uns Kinder gar nicht mehr leisten, weil wir arbeitslos sind?

Und dann noch die vielen Umweltprobleme. Was ist mit den Kernkraftwerken? Machen sie nicht Gift in die Luft? Bleiben ihre Ruinen nicht der Nachwelt als radioaktiv strahlendes Denkmal erhalten, so daß sich keiner mehr in die Nähe wagen kann?

Sind es eigentlich nur Wunschträume, daß wir in Zukunft noch durch Wälder wandern können, dabei reine Luft atmen und keine Angst mehr vor Krieg haben müssen? Es gibt so viele offene Fragen. Wer gibt uns eine Antwort?

Annette Lehmann (13), Hannover

Wilhelm Schur (10), Hamburg

2. Kapitel

„Ein Alptraum hat mich die ganze Nacht geplagt –
ich träumte von meiner Zukunft"

*Die Katastrophen machen nicht Halt
vor der Kinderzimmertür.*

Es stimmt nicht, was viele Erwachsene und manche Politiker behaupten, daß den Kindern die Angst vor der Zukunft nur von böswilligen Eltern und Erziehern eingeimpft worden sei. Manche von ihnen meinen tatsächlich, daß Kinder per se optimistisch seien und freudig in die Zukunft blickten, die sie nach Art der Science Fiction à la Perry Rhodan – technikbegeistert und autoritätsbesessen – begreifen. Dem ist nicht so.

Angst wird nicht eingeredet und Panik nicht erst erzeugt. Beides ist da, und doch können die Kinder ihre Gefühle kontrollieren. Es ist bemerkenswert, daß fast alles, was 1988 in den Schlagzeilen der Presse und in den Nachrichten des Fernsehens zu lesen oder zu sehen war, für die Kinder weiterhin Gegenwart hat – angsterregend und panikmachend – und darüber hinaus von ihnen so verstanden wird, daß Aids, Robbensterben, Atomskandale, Ozonloch, Chemieunglücke zu ihrer persönlichen Zukunft gehören werden.

Natürlich, das sind Schlagworte. Wer sie gebraucht, muß nicht unbedingt etwas begriffen haben. Aber dieses Argument ist den Kindern gegenüber nicht stichhaltig. Mit außerordentlicher Präzision vermögen sie, seien sie erst acht oder schon 14 Jahre alt, allgemeines Geschehen mit ihrer eigenen Situation zu konfrontieren, und umgekehrt wissen sie, daß die individuelle Benutzung zum Beispiel von Fluorkohlenwasserstoffen weitreichende Zerstörungen nach sich zieht.

Das sind alles hautnahe, alleralltäglichste, wenn auch ungeheure Geschehnisse, zu deren Vorstellung es keiner Phantasie bedarf, so sehr drängen sie sich ins Bewußtsein. Und doch spielt die Phantasie dabei eine wichtige Rolle. Denn es ist gerade die Vorstellungskraft der Kinder, im Positiven wie im Negativen, die ihre Angstgefühle balancieren hilft und sie nicht in Selbstzerstörung enden läßt. Die Kinder können sich nämlich das Schreckliche, die Totalzerstörung der Welt, ausmalen, sehr bildhaft, sehr konkret, und zugleich beharren sie darauf, daß es einen rettenden Strohhalm geben muß, für sie selbst, für uns alle. Ihre konkrete Phantasie, die sich nicht von abstrakten Daten, Zahlen und Mengenangaben täuschen läßt, beharrt auf dem Wert jedes einzelnen Dinges und Lebewesens, Tier oder Mensch. Es ist nicht der Tod, den sie fürchten, sondern der Tod eines einzelnen anderen Wesens. Dadurch sind sie empfindlich für die Gewaltsamkeit, die in der Welt ist und die sich dramatisch gegen die Natur gekehrt hat.

Es fällt auf, welche vielfältigen Stilmittel selbst die jüngeren SchreiberInnen in ihren Texten anzuwenden verstehen und damit zugleich einem latenten Vorurteil der Literaturpädagogik und der Kinderliteratur widersprechen. Unter den Beiträgen, die zum METALL-Schreibwettbewerb eingesandt worden waren, finden sich soziale und technische Utopien, Science Fiction, Ich-Erzählungen, Erzählungen in der 3. Person, es gibt Briefe und Texte, die außerordentlich versiert mit Rahmenhandlungen sowie Vor- und Rückblenden umgehen.

Der Hinweis, das sei auf Eingriffe Erwachsener zurückzuführen, trifft nicht den Kern. Denn selbst bei solchen Texten, die gleichsam sachlich-trocken die richtigen, schulisch vermittelten Kenntnisse wiedergeben, tauchen jedesmal Textstellen auf, deren Eigenart auf die Selbständigkeit und den enormen Erfahrungshorizont der Kinder verweisen. Was sich etwa darin zeigt, daß fast alle Kinder der Meinung sind, jeder von uns habe bei sich selbst zu beginnen. Aber sie geben sich nicht mit dieser „Pfadfindermentalität" zufrieden, weil das Problem Tun und Lassen des einzelnen übersteigt. Paradoxerweise führt das nicht zu Ohnmachtsgefühlen, sondern aktiviert das Bewußtsein: Wir müssen und können etwas bewegen!

Wenn tatsächlich einmal die sprachliche Phantasie nicht ausreicht, belegen Bilder und Zeichnungen, wie plastisch und drastisch die Kinder ihre Umwelt wahrnehmen. Das führt zu Aussagen wie: „Wir bräuchten eine zweite Arche Noah", und: „Vielleicht sieht im Jahr 2000 unsere Welt wie eine Mülltonne von innen aus", und: „Es bliebe höchstwahrscheinlich unbemerkt, wenn unsere Erde aus dem Bild der Milchstraße verschwinden würde". In solchen Aussagen und in ihrer stilistischen Beweglichkeit beim Umgang mit dem Thema „zerstörte Welt", von der die Kinder durchweg wissen, daß sie selbst ein Teil davon und abhängig von ihr sind, zeigt sich die enorme Spannweite kindlicher Reaktionen auf die Anforderungen der Zukunft, aber auch schon der Gegenwart: Vergeblichkeitsgefühle und Handlungsbedarf.

Weil jedoch für die meisten Kinder klar ist, daß die Zukunft nicht irgendwann erst beginnt, sondern im nächsten Augenblick, können sie die drohende Ohnmacht umkehren in Handlung, in den Wunsch, hier und jetzt etwas zu tun. Sie brauchen sich nicht trösten zu lassen von angeblich wohlmeinenden Großen, die ihnen vorgaukeln, daß die ökologische Katastrophe vor dem Kinderzimmer Halt machen werde. Die Kinder sind katastrophengegenwärtiger als wir glauben. Das Leben der Kinder wirklich schützen kann nur, wer sie nicht arglos sein läßt, sondern sich zusammen mit ihnen den Ansprüchen der Wirklichkeit aussetzt. Wir dürfen es nicht soweit kommen lassen, hinterher – falls es ein Hinterher gibt – wieder einmal zu sagen: Wir haben es nicht gewußt.

Winfred Kaminski

Zum Glück war es nur ein Traum

Schweißgebadet wache ich auf. Ein Alptraum hat mich die ganze Nacht geplagt. Es war schrecklich. Ich hatte von meiner Zukunft geträumt.

Manchmal träume ich mit offenen Augen von meiner Zukunft. Dann sieht sie rosig aus. Es gibt keine schwarzen Tage, keine Proteste und auch keine sonstigen unerfreulichen Dinge. Aber heute Nacht ist mir klar geworden, daß genau diese Dinge in der Zukunft zunehmen werden.

In meinem Traum ging ich durch eine Gegend, die früher wohl ein Wald gewesen ist. Anstatt kräftiger Buchen, Tannen und Fichten gab es hier nur noch verstümmelte Bäume. In den Gräben lagen Säcke, prall mit Abfall gefüllt. Ich trat aus dem Wald heraus und lief in Richtung Stadt, vorbei an einem Kernkraftwerk. Die gab es zu dieser Zeit schon in jeder größeren Stadt. Ich wollte meine Tante besuchen, aber in diesem Stadtteil kannte ich mich überhaupt nicht mehr aus. Es war wie in den Slums in den Großstädten der Dritten Welt. Kinder spielten auf der Straße und suchten nach eßbaren Gegenständen in den Mülleimern. Als ich dann endlich das Grundstück meiner Tante fand, sah ich gerade noch, wie ein Bagger die letzten Mauern des Hauses einriß. Ein paar Leute, die zusahen, erklärten mir, daß hier die neue Autobahn gebaut wird. Als ich mit Tränen in den Augen darüber nachdachte, wo meine Tante jetzt wohl ist, krachte es, und Funken sprühten zum Himmel. Mein letzter Gedanke war: Jetzt ist das Kernkraftwerk explodiert. Es wird nie wieder Leben auf der Erde geben.

Ich war sehr froh, daß ich nach dieser Stelle aufwachen konnte und alles nur geträumt hatte.

Simone Handschuh (14), Aalen

Die Politiker beruhigen
die verzweifelten Menschen

1. November im Jahr 2000. Alle Welt spricht von einer Sache. Alle Welt traut sich nicht mehr, frisches Obst und Gemüse zu essen. Alle Welt ist verseucht. Der Grund: Wieder eine Katastrophe wie in Tschernobyl, viel schlimmer als im April 1986. Jetzt traut sich kein Mensch mehr vor die Tür. Die Kinder müssen sich mit dem abgespritzten Balkon begnügen, wenn sie draußen spielen wollen. Die Eltern haben Angst um ihre Kinder. Es ist schwierig, Nahrungsmittel zu finden, die noch nicht von den giftigen Strahlen belastet sind.

Viele Tote gab es bei der Katastrophe, und noch mehr Verletzte. Die Zahl der Kranken steigt und steigt. Jeder muß befürchten, daß er selber ein Strahlenkranker sein wird. Viele Politiker und Professoren beruhigen die verzweifelten Menschen. Dabei haben sie selbst keine Hoffnung mehr. Auch die unverstrahlte Welt ist verloren. Nichts wird so wie vorher sein.

Vor einer Zukunft, die so aussieht, habe ich Angst.

Antje Kessler (10), Aalen

Ihr habt meine Zukunft verhunzt

Ich sitze auf meinem Bett und höre Radio. Meine Mutter glaubt, daß ich Hausaufgaben mache. Wozu? Mathe kann ich genauso gut morgen früh von Elvira abschreiben. Dann brauche ich keine Angst vor meinem Lehrer zu haben.

Plötzlich kommen die Nachrichten. In meinem Kopf dreht sich alles: Neue Atomversuche in Amerika, Robbensterben und Gift in der mehr oder weniger toten Nordsee, wieder ein paar Tausend Arbeitslose und so weiter.

Angst vor der Schule habe ich nicht, aber ein mulmiges Gefühl steigt in mir auf, genau wie die immerfort quälende Frage: Was passiert nächste Woche, in zehn oder zwanzig Jahren? Jetzt habe ich Angst.

Angst vor der grausamen und doch schönen Zukunft. Ich spüre, daß gleich wieder meine Tagträume und Visionen auftauchen. Meine Zukunft in den schlimmsten und in den schönsten Situationen.

Zuerst stelle ich mir vor, daß wir das Jahr 2010 haben. Ich bin zwei Jahre verheiratet. Mein Mann und ich sitzen vor dem Fernseher. Ich bin im achten Monat schwanger. Doch plötzlich heulen die Sirenen auf, der Spielfilm bricht ab, und ein Nachrichtensprecher erklärt verstört, daß in wenigen Minuten ein Atomkrieg ausbricht. Ich schreie entsetzt auf. Schon ist es passiert.

Zurück zum Jahr 1988: Katastrophenalarm. Die Nordsee ist verseucht. Ich sehe verendete Tiere, Kinder mit verätzter Haut und andere schreckliche Dinge. Mein Gott, denke ich, Schluß. Ich habe genug geträumt. Denkste! Fortsetzung folgt: Ich suche Arbeit in meiner Zukunft, finde keine und lande wie viele andere in der Gosse.

Mit einemmal ertappe ich mich bei dem Versuch, diese Visionen zu verdrängen. Wieviele Leute verdrängen ihre Zukunft? Meine Mutter klopft an die Tür und sagt: „Vater ist mit Herrn und Frau Kuwitsch nach Hause gekommen. Geh und sag Guten Tag!" Gehorsam komme ich mit ins Wohnzimmer. Der Fernseher läuft. Es werden verendete Robben gezeigt. Mama seufzt: „Die armen Viecher."

Da springe ich von meinem Stuhl auf und schreie: „Mehr hast du wohl nicht dazu zu sagen? Daran bist unter anderem du Schuld! Du hast diese Regierung gewählt. Ist ja auch praktisch – nur alle vier Jahre die Wahlzettel ausfüllen. Da braucht man nicht selbst zu denken. Die Politiker machen bestimmt alles richtig. Es ist zum Kotzen, wieviele es von diesen borniertem, kleinkarierten und denkfaulen Leuten gibt. Bloß nicht denken müssen, das könnte ja unbequem werden. Aber ich lasse mir das nicht gefallen! Ich wehre mich, denn ich will diese Giftwasser nicht mehr saufen, ich will Arbeit und gesunde Kinder kriegen. Mit euch können es die Politiker machen, aber nicht mit mir. Ihr habt meine Zukunft schon genug verhunzt. Wegen euch habe ich Angst, wahnsinnige Angst!" Ich beginne zu weinen. Meine dreijährige Schwester Lisa guckt mich groß an. Frau Kuwitsch macht ein mitleidiges Gesicht.

Mama starrt in die Gegend, und Papa erklärt: „Sie ist doch bloß ein Kind..." Ich gehe in mein Zimmer. Ich fühle mich in die kalte Welt gestoßen. Am liebsten möchte ich bei meiner Mutter in den Armen liegen, so wie damals, als ich vom Fahrrad gefallen bin.

Ein Gefühl werde ich nicht los. Es ist... Angst.

Michelle Möhle (12), Hannover

Ich träume, ich fürchte, ich hoffe

Ich träume, daß die Zukunft so wird: Keine Abgase und keine Motoren soll es geben. Keine Motorräder und Mofas und Mopeds. Statt dessen vielleicht Trippelautos, Kutschen und Fahrräder. Der Wald soll auch nicht drekkig werden. Arme Leute gibt es in der Zukunft sowieso nicht mehr. In der Zukunft soll auch nichts vergiftet werden. Anstatt Hochhäusern gibt es kleine Hütten mit Gärten. Es soll auch keine Diebe geben. Ich möchte, daß es auch keinen Krieg gibt.
Ich habe wenig Hoffnung, daß die Zukunft so wird, wie sie sein soll. Ich fürchte, die Zukunft wird so: Noch doppelt so viele Motoren, Fabriken, Abgase, Hochhäuser, Dreck, arme Leute, hungernde Menschen, geldgierige Leute und Diebe.
Ich hoffe, es werden nicht mehr Autos und so weiter hergestellt...

Helga Gebhardt (9), Heidelberg

Wenn ich dreißig bin...

Im Jahr 2008 bin ich 30. Das stelle ich mir so vor:
Wir leben in Betonkästen. Es beugt vor der Radioaktivität vor. Es gibt unterirdische Betongänge, die als Straßen dienen. Autos gibt es nicht mehr. Tiere und Pflanzen erst recht nicht.
Schließlich gab es nur noch 45 Menschen. 40 davon waren Forscher, die ein Gas entwickelten, mit dem wir leben konnten. Allerdings bekamen wir keine Kinder mehr. Alle starben, bis auf zwei. Mein Partner starb, und ich war allein. Da fand ich eine Atombombe und zerstörte die Erde und mich.
Nein! So weit darf es nicht kommen. Die Menschen müssen sich besinnen und vieles abschaffen.

Sonja Kuhlmann (10), Landesbergen

Volker Nieder (13), Brome

Fabriken und Atombomben sollte es nicht mehr geben

Es sollte weniger oder keine Straßen geben und viel Wald, Wiesen und unverseuchte Seen. Alle Tiere müßten es gut haben, und unter den Menschen sollte Gerechtigkeit herrschen. Es sollte keine Bettler geben, keine Millionäre und keine Regierung. Jeder könnte Arbeit und Schule haben, wann er wollte. Lehrer und Kinder hätten ein gutes Verhältnis zueinander. Es sollte keine Fabriken geben, keine Autos und keine Atombomben oder andere Waffen.

So sollte meine Zukunft aussehen.
Aber sie wird so aussehen: Es wird tausende und abertausende von Straßen geben und nicht einen Fleck, der grün ist – ausgenommen sind natürlich grüne Autos. Es wird nirgends unverseuchte Seen geben, dafür wird überall Smog und Stau herrschen. Die Tiere sind längst ausgestorben. Überall werden Häuser und Fabriken sein, die giftigen Rauch und giftiges, öliges Wasser in Luft und Flüsse lassen. Kriege und Schießereien gibt es überall. Tausende von Menschen sterben an Vergiftungen und Schußwunden.

Martin Kiewitz (11), Konstanz

Grüne Wiesen gibt es nur
in meiner Phantasie

Es stimmt, daß wir Kinder mehr mitbekommen, als die Erwachsenen denken. Zum Beispiel, als wir hörten, daß sehr viele Robben starben, regten wir uns sehr auf.
Aber was können wir tun?
Ich stelle mir das Jahr 2000 in meiner Phantasie so vor: Grüne, saftige Wiesen, über und über voll mit bunten Blumen, hohe Bäume. Statt Hochhäuser überall Holzhütten. Klare Bäche, Flüsse und Meere, freie Tiere, nur Pferdekutschen und Kieselwege. Aber so wird es sicher nicht.
Alles wird grau sein, die Häuser, die Meere, verdorrte Blumen, Sträucher und Bäume. Es wird vor Autoabgasen stinken, und die Sonne wird keine Lust haben zu scheinen. Ich sorge mich sehr um meine Zukunft.

Özlem Altunkas (12), Reutlingen

Die Erde wird von der Computer-Welt verschlungen
Hamdiye Aksoy (12), Flensburg

Irgendwann ödet es einen an

Ich glaube, eine richtige Zukunft wird es gar nicht geben. Erstens wegen des Ozonlochs und zweitens wegen der Atomkraftwerke. Aber wenn es eine Zukunft gäbe, würde ich sie mir so vorstellen:
Man wohnt in riesigen Wohnblocks. Nebenan ist ein Lebensmittelmarkt, eine Pizzeria, eine Eisdiele, ein Arzt, eine Schule und so weiter. So daß man morgens nur noch in den Fahrstuhl steigen muß, und schon ist man in der Schule. Nachmittags fährst du von Frankfurt mal schnell zum Einkaufsbummel nach New York, in nur einer Stunde. Das Essen hat man natürlich in einer Tube bei sich. Man braucht es sich einfach nur in den Mund zu drücken.
Wenn dir langweilig ist, dann nimmst du dir nicht etwa ein Buch. Nein! Du legst eine Videokassette mit dem Buchtext ein und automatisch werden Bilder dazu produziert und der Text dazu gesprochen. Das ist wie ein Film. Aber irgendwann öden einen die Sachen an. Da müssen dann neue, noch vollkommenere Sachen erfunden werden. Aber mal ehrlich, auch die öden einen irgendwann wieder an...

Melanie Hassler (11), Frankfurt

Ein Brief aus dem Jahr 2008

Liebe Eva,
vielen Dank für den netten Brief. Als erstes muß ich Dir etwas erzählen. Gestern habe ich den Dachboden aufgeräumt und dabei den Durchschlag eines Aufsatzes gefunden, den ich im Oktober 1988 bei einem Wettbewerb eingeschickt habe. Das Thema hieß „Meine Zukunft". Damals habe ich geschrieben:

„Meine Zukunft.
Bis 1994 werde ich noch auf das Gymnasium gehen. Mit 18 Jahren will ich den Führerschein machen und mir einen Kleinwagen kaufen. Nach dem Abitur habe ich vor Bio-Chemie zu studieren. In der Freizeit, die mir dann noch bleibt, werde ich mich einer Gruppe anschließen, die sich dafür einsetzt, daß nicht mehr so viele Tierarten aussterben und daß keine Tierversuche mehr unternommen werden. Auch werde ich mich dafür einsetzen, daß die Kühl- und Abwässer der Fabriken nicht mehr in die Meere, Seen und Flüsse geleitet werden. Ich werde in einem Forschungslabor arbeiten. Wenn alle zusammenarbeiten, da bin ich sicher, kann die Welt vor der totalen Zerstörung bewahrt werden. Auch wird sich das Ozonloch, bei sofortiger Abschaffung des Treibgases, wieder schließen."
Ja, liebe Eva, das war vor 20 Jahren. Heute, mit 34 Jahren weiß ich es besser. Heute wird zwar nur noch sehr wenig Treibgas verwendet, aber das Ozonloch ist trotzdem größer geworden. Robben und viele andere Tiere gibt es nur noch in Zoologischen Gärten. Die meisten Gewässer sind zu sehr verschmutzt, als daß man darin baden könnte.
Was meine Berufspläne angeht, habe ich eine Zeit als Bio-Chemikerin gearbeitet, wurde aber dann entlassen. Auch bin ich in keinem Tierschutzverein.
So, jetzt muß ich Schluß machen und Essen kochen, damit mein Mann und mein Kind nicht verhungern. Ich hoffe, Dir geht es gut.
Viele Grüße
Deine Birgit.

Birgit Schwenzer (14),
Villingen-Schwenningen

Bericht einer Urgroßmutter

An einem Sonntag im Jahr 2064 passe ich auf meine Ur-enkel auf. Ich bin fast 90 Jahre alt.

„Bitte erzähl uns von früher, als du noch jung warst!" bitten Klaus und Astrid. „Also gut", erwidere ich und erzähle:

„Früher, als ich noch auf der Erde lebte, sah es nicht so rosig für die Zukunft aus. Die Menschen hatten Angst vor einem Atomkrieg, die Ozonschicht war beschädigt, die Nordsee drohte zu sterben. Viele Länder bekämpften sich, es gab Rassentrennung, die Umwelt war kaputt. Ich war damals gerade dreizehn und versuchte wie wohl fast alle in meinem Alter mit diesen schrecklichen Dingen fertig zu werden.

Ich machte Abitur, studierte und bekam auch gleich eine Stelle als Fachlehrerin. Ich führte ein ruhiges Leben – bis ES dann geschah: Viele Atomreaktoren gingen kaputt, die Nordsee kippte um, eine Katastrophe folgte der anderen. Es war schrecklich. Damals war ich dreißig Jahre alt.

Die Politiker zerbrachen sich die Köpfe, was zu tun sei. Nach langen Überlegungen beschlossen sie, die Menschen umzuquartieren - auf einen anderen Planeten. Dieser hieß Verxlon und ist etwas kleiner als die Erde. Das Klima ist ungefähr, wie es vor den Katastrophen auf der Erde war. Die Menschen wurden in Raketen zur Verxlon gebracht. Ich gehörte zu den ersten.

Auf Verxlon sah es so aus: Es gab nur einen großen Kontinent. Er bestand fast nur aus Wald. Die Luft war rein, der Boden fruchtbar. Es gab viele Flüsse und Seen. Die Früchte waren fast alle eßbar. Diesmal machten wir nicht den Fehler, so viele Früchte zu pflücken, wie es ging, und sie dann zu lagern. Wer Hunger hatte, pflückte sich etwas und aß es an Ort und Stelle. Es wurden auch keine Bäume gefällt.

Nach und nach waren alle Menschen auf Verxlon. Man

stellte Gesetze auf. Zum Beispiel: Keine Erfindungen, die später den Menschen schaden könnten. Kein Strom wird hergestellt. Früchte werden nur für den täglichen Bedarf gepflückt. Streit darf man nur für drei Stunden haben, danach muß man sich wieder vertragen. Jeder hilft jedem. Kein Geld wird benutzt: Wenn jemand etwas haben möchte, wird getauscht, zum Beispiel mit Kleidung, Schuhen und so weiter.

Nach und nach pendelte sich alles ein. Die Jahre vergingen. Ich heiratete und bekam Kinder. Meine Kinder heirateten und bekamen Kinder, zum Beispiel eure Mutter. Und sie hat euch zwei gekriegt."

Die Tür geht auf und meine Enkelin kommt, um ihre Kinder abzuholen. „Wir kommen bald wieder!" versprechen sie und gehen nach Hause.

Martina Itjes (13), Krummhörn

Meine Zukunft

Es war an einem regnerischen und
stürmischen Abend. Da hörte
ich aus unserem Haus an der
Nordsee etwas heulen und
jammern. Ich stand auf und
schaute aus dem Fenster, doch
ich sah nichts. Auf einmal sprang
ich vor entsetzen zurück
ich traute meinen Augen nicht
am Strand lag ein junger
Seehund und weinte. Ich kletterte
unbemerkt aus dem Fenster
und lief zu ihm hin. Ich zog
mein Nachthemd aus und
wickelte ihn ein ich nahm
ihn mit doch auf einmal
stolperte ich, ich sah überal
tote Seehunde ich weinte um
sie. Ich lief in windeseile zu
meinen Opa, der fuhr mit mir
zwar sofort zum Arzt, ich
durfte den kleinen Seehund
zwar auch behalten, "aber
meine Träume und das Bild
der toten Robben, verdreckten
Sand werde ich nie vergessen."

74

können. Ich war nicht mehr
glücklich in dem „Haus wo
wir wohnten. Überal habe
ich Plakate hingeheftet wo
darauf stand:

Rettet die Seehunde
sonst sind sie bald
alle tod!
bitte helft uns.

Doch die Kinder die die Plakate sahen
lachten darüber und machten
sich lustig über mich, die Erwachsen
nen zeigten auch kein Verständnis
dafür. Wie wird es aussehen in
unserer Welt, wenn wir so
weiter machen? Doch ich wußte
sofort eine Antwort (alle Tiere
sind bald tot). Es were besser
wenn die Leute das einsehen
würden, und auf die Naturfreun
de hören würden. Doch ich
wußte das es schlimmer wird
und bis zu mein tot habe ich

Tiere gesund gemacht, doch
die Welt wurde immer
schmutziger und kranker.

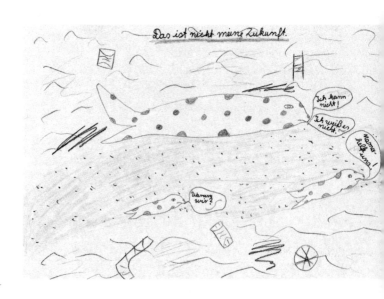

Silke Stallbaum (11), Lübeck

Es soll wieder so sein wie früher

An einem sonnigen Nachmittag gingen meine Familie und ich auf den Rummelplatz. Plötzlich stand vor mir ein seltsam aussehendes Zelt. Ich ging hinein. Drinnen saß eine Frau, zerknittert und faltig im Gesicht. Sie war komisch angezogen. „Komm her, mein Kind, komm her!" sagte sie. Zögernd ging ich näher. „Setz dich! Möchtest du mal ins dritte Jahrtausend?" fragte sie. Ich erwiderte: „Au ja! Das muß ja fetzen!" „Dann konzentriere dich!" Die Frau beträufelte mich mit dem roten Inhalt einer Flasche. „Schungo, Bungo, Alimar, Katzenschwanz und Kadavar", flüsterte sie mit geheimnisvoller Stimme. Mir wurde ganz schwindlig. Ich fiel durch einen Tunnel, der in allen Farben glitzerte. Dann stand ich plötzlich auf festem Boden.

Alles um mich herum war grau und öde. Ich ging ziellos umher und versuchte, mich zu erinnern. Plötzlich fiel es mir wieder ein: Ich war im dritten Jahrtausend. Jetzt wollte ich es genau wissen. Kaum hatte ich das zu Ende gedacht, lag vor mir eine große Tafel, auf der stand „2045". Ich mußte also schon 70 Jahre alt sein. Da ich jetzt erst zwölf bin, wird das in 56 Jahren sein.

Ich ging weiter. Nirgends war ein Mensch zu sehen. Es gab kein Grün, keine Bäume, keine Vögel, keine Tiere, keine bunten Blumenwiesen, keine Sonne. Nein, alles war kalt, öde, tot und leer. Doch da sah ich plötzlich jemanden auf mich zukommen. Dieser Mensch sah ganz krank und blaß aus im Gesicht. Nein, ich wollte nicht, daß es so war. Ich schrie: „Es soll wieder so sein wie vor 56 Jahren! Die Sonne soll scheinen, die Blumen sollen blühen, die Bäume sprießen!" Sofort wurde alles wahr, was ich gesagt hatte. Doch die Menschen, die inzwischen gekommen waren, schienen das gar nicht zu mögen. „Nieder mit ihr, vor den König!" riefen sie und zogen und zerrten mich in einen großen Palast. Dort wohnte der König. Er rief böse: „Was hast du getan, du törichtes

Kind? In den Kerker mit ihr!" Ich rief und schrie: „Was habe ich nur getan? Mama!!"

Meine Mutter stand neben mir und fragte erschrocken: „Sonja, was ist denn?" „Ich bin doch im Jahr 2045 und der König wollte mich in den Kerker werfen!" brachte ich hervor. „Ach was", sagte meine Mutter, „das hast du alles nur geträumt."

Sonja Zigun (12), Rullstorf

Unsere Welt morgen

Eines Tages stand ein großes, silbernes Ei auf dem Rasen vor unserem Haus. Die Tür stand offen, und ich ging hinein. Plötzlich schloß sich die Tür, und viele bunte Lampen blinkten. Mir wurde ganz komisch. Eine Stimme sagte:„Du bist jetzt im Jahre 2050." Die Tür öffnete sich. Ich ging hinaus und alle starrten mich an. Sie liefen mit Robotern herum. Blumen, Bäume, Seen und Flüsse gab es nicht mehr. Dann fragte ein Mann seinen Roboter:„ Wer ist das"? Der Roboter antwortet „ Es ist ein Kind aus unserer alten Welt." Ich frag

„Wo sind die Blumen, Bäume, Büsche, Flüsse und Seen geblieben? Da antwortete ein Roboter:

Ungebräucklich, abgeschafft." Eins fiel mir auf.

Es gab hier keine Kinder mehr und auch keine Natur, sondern nur alte Leute und Wolkenkratzer.

Auf einmal lief eine Roboter-Frau auf mich zu und wollte mich mit in einen 187stöckigen Wolkenkratzer nehmen. Aber ich konnte noch in das Ei entfliehen. Als ich zu Hause war und an meinem Tisch saß, sah ich meinen Computer.

Da nahm ich ihn und warf ihn in den Müll.

Andrea Lenzen (10), Bremen

In dieser Welt möchte ich nicht leben

Zum Geburtstag bekam ich von meinem Vater einen winzigen Apparat, eine Zeitmaschine. Ich nahm sie sofort in die Hand, schloß die Augen und wünschte mich genau auf die gleiche Stelle 150 Jahre in die Zukunft. Ich fühlte mich in die Luft gehoben. Als ich die Augen öffnete, stand ich neben einer riesigen Straße. Ich schaute mich um und sah nur moderne Blechbüchsen herumfahren. Ich ging die Straße hinab Richtung Bahnhof. Als ich dort angekommen war, fand ich statt des alten Bahnhofshäuschens einen grau-glänzenden Bau vor. Ich trödelte zum Bahnsteig und wollte mir die S-Bahn anschauen. Nach einer Weile fuhr ein gelbweißer Luxuszug vor, mit mindestens 500 Stundenkilometern. Es stiegen Leute mit betrübten Gesichtern aus. Lächeln konnten die wohl überhaupt nicht.

Auf einmal trat ein dicker Mann mit Krawatte auf mich zu und bewunderte mich mit aufgerissenen Augen. Was der an mir wohl so komisch fand? Vielleicht meine Kleidung? Ich hatte nur Jeans, Pullover und Joggingschuhe an. Wahrscheinlich kannten die Leute gar keine Jeans. Hier gefiel es mir nicht mehr. Mir fiel auf, daß es zwischen den Wolkenkratzern und Straßen keinen Fleck gab, nicht mal Blumen, keine Schmetterlinge, keine Bienen. Was für eine Welt!

Ich wollte zur Isar und durch den schönen Wald wandern. Ich ging eine Weile und kam dann an den Fluß. Aber was war das? Er war ganz schaumig und mit Ölflekken bedeckt. Tote Fische schwammen auf der Wasseroberfläche. Und der Wald! Nur noch Baumstämme mit mickrigen Ästchen und ganz ohne Blätter.

Ich beschloß zu einem Bauernhof in Neufahrn zu gehen. Dort gab es viele Äpfel- und Birnbäume.

Als ich nun mein Ziel erreicht hatte, sah ich nur einen winzigen Apfelbaum, der mit Stacheldraht umzäunt war. Ich hob einen gelben Apfel auf, der auf dem Boden lag, und biß hinein. Es schmeckte abscheulich, anscheinend von den ganzen chemischen Düngern und Spritzmitteln.

So sah es also 150 Jahre später aus! In der Zukunft war es katastrophal. „In dieser Welt möchte ich nicht leben", sagte ich zu mir. Ich nahm wieder die kleine Zeitmaschine, schloß die Augen und wünschte mich 150 Jahre in die Vergangenheit. Kurz darauf öffnete ich die Augen in meinem Zimmer. Ich fühlte mich wieder richtig wohl zu Hause. Ich stolperte die Treppe hinunter und erzählte meinen Eltern von der katastrophalen Zukunft.

Alexander Mohamed (11), Neufahrn

Die Suche nach dem Frühling

Als ich an diesem Morgen das Kalenderblatt abriß und die Notiz „21. 3. 2050" zur Kenntnis nahm, fuhr es mir blitzschnell durch den Kopf: „Frühlingsanfang". Ich wollte gleich hinaus, um die ersten Schneeglöckchen zu sehen.

Also ging ich zur Tür und tippte die Codenummer ein. So ein Sicherheitssystem befand sich an der Haustür, denn die Zahl der Gauner hatte in den letzten Jahrzehnten stark zugenommen. Dann ging ich an den Hochhäusern vorbei, an den Müllcontainern, den Privatraketen und fliegenden Untertassen.

„Kommst du mit zum Picknick auf dem Mars?" rief mir jemand zu.

„Nein, heute nicht, ich will den Frühling suchen!" antwortete ich. Ich ging weiter. Vorbei am Einkaufszentrum und zum Stadtwald. Ich war schon lange nicht mehr dort gewesen, hatte nur immer wieder von den katastrophalen Ausmaßen des Waldsterbens gehört. Trotzdem hatte ich noch Hoffnung auf ein paar Frühlingsblumen und ein bißchen Vogelgezwitscher. Aber was ich jetzt feststellen mußte, riß mich jäh aus meinen Träumen. Hier konnte sich kein Frühlingsbote einfinden! Wohin man schaute, Müll, Abfall und abgestorbene Bäume und Sträucher.

Kurzerhand setzte ich mich in einen Zug und war mit dem neuesten Eilzug bald in den Bergen. Jetzt ging ich zu Fuß weiter. Der Wald war auch nicht mehr gesund, sondern rötlich-braun gefärbt, und das Gras war gelb-braun. Doch ich gab nicht auf. Endlich kam ich zu einem großen Berg. Oben hatte sich meine Suche gelohnt. Neben einer kleinen Quelle wuchsen unzählige Schlüssel-blumen, Schneeglöckchen, Märzenbecher und Anemonen. Ein herrliches Blumenmeer.

Ich nahm ein paar Blumen mit und stellte sie zu Hause auf den Tisch. Ich war ziemlich glücklich.

Ich hoffe nur, daß es in Wirklichkeit nie so sein wird, wie in dieser Phantasiegeschichte. Denn es gäbe bestimmt noch sehr viele Dinge außer Frühlingsblumen und Vögeln, die man dann vermissen müßte, nicht wahr?

Monika Ketterer (13), Titisee-Neustadt

Ich werde Umweltschützerin

Mit wütendem Gesicht kehrte Sandra von der Schule zurück. „Was ist?" fragte ihre Mutter besorgt. „So was Doofes. Jochen, Peter, Judy und ich gingen nach der Schule im Wald spazieren", erklärte Sandra ihre Aufregung. Langsam beruhigte sie sich. „Ich mache die Wette, daß du wieder etwas Schlimmes entdeckt hast", erwiderte die Mutter. Ihr ging es langsam auf den Wecker, daß Sandra sich mehr um die Umwelt als um die Schule kümmerte. „Na und?" gab Sandra hitzig zurück. „Wenn es keine Bäume mehr gibt, die gesund sind, kannst du bald nicht mehr atmen. Den ganzen Tag, die ganzen Jahre müssen wir die dreckige, abgelagerte und schmutzige Luft einatmen. Die Abgase der Autos, die Kernkraft und die Fabriken verseuchen die Umwelt und zerstören die ganze Welt. Und da geht es dir auf den Keks, daß ich mich mehr um die Umwelt kümmere als um unwichtige Hausaufgaben!"
Nachdem die Mutter Sandra das Essen auf den Tisch gestellt hatte, begann die Mutter von Neuem. „Du, Sandra, so unwichtig sind die Hausaufgaben nicht. Du willst doch, wenn du aus der Schule kommst, deinen Traumjob machen, oder nicht?" fragte die Mutter mit einem Augenzwinkern. „Ja, aber dafür brauche ich nur in Biologie eine Eins. Was ich werden will, steht fest: Umweltschützerin", antwortete Sandra lachend. Dann ging sie in ihr Zimmer.

Silke Rischner (13), Schwalmtal

Ach, wie verdreckt ist die weite Welt!

Nicki ist 12 Jahre alt und wohnt in einer Großstadt. Ihr
Hund heißt Knuffel. Nicki schaut aus dem Fenster. Es ist
ein warmer, sonniger Maitag. Die Stadt sieht grau und
kahl aus. Kein Baum, keine Blume, keine Wiese, nur
Hochhäuser. „Ach", denkt sie und dichtet: „Ich stehe am
Fenster und schaue hinaus in die weite, dreckige Welt
und sehe hoch oben am Himmelszelt eine große Rakete
ihre Kreise schwingen. Ein paar Dreckwolken, die mir
ihr Lied vorsingen, ach, wie verdreckt ist die weite, verseuchte Welt."
Knuffel stupst Nicki mit der Pfote an. „Ich weiß, du
möchtest raus. Ich gehe mit dir!" Nicki zieht ihre Atemmaske auf und schaut in den Spiegel. Sie sieht komisch
aus. Aber die Masken müssen sein. Man kann nur noch
in den Häusern ohne Atemmaske leben, da die Luft so
verpestet ist. Auch Knuffel bekommt eine Maske aufge-
setzt. Sie gehen durch sieben Türen ins Freie. Es sind so
viele Türen, damit keine verpestete Luft ins Haus
kommt.
„Wohin gehe ich jetzt?" überlegt Nicki. „Am besten in
die Bücherei. Dort gibt es noch Bücher. Schade, daß man
Bücher nicht mehr kaufen kann. Nur noch Filme, Filme,
Filme. Aber Filme sind nichts für die Phantasie. Und ich
phantasiere doch so gern." Schweigend gehen Nicki und
Knuffel durch die laute Stadt. Man kann sich leicht ver-
laufen. Die Häuser sehen alle gleich aus, die Straßen
ebenfalls. Sie müssen oft über Müll hinwegsteigen, um
den rechten Weg zu finden. Endlich! Da ist die Bücherei.
Nicki geht mit Knuffel wieder durch viele Türen. Sie
nimmt die Maske ab. Hier ist gute Luft. Gut, daß immer
Sauerstoff aus den versteckten Düsen kommt.
Nicki schaut sich ein Fotobuch aus dem Jahr 1988 an.
„Toll", denkt sie, „damals gab es ja noch Bäume. Und
wie klar der Himmel war. Jetzt ist er nur grau. Am besten

gehe ich jetzt zu Nadja und erzähle ihr von diesem tollen Buch." Nadja ist Nickis beste Freundin. Schnell setzt Nicki sich die Atemmaske auf und Knuffel auch. Sie fragt die Besitzerin der Bücherei, ob sie das Buch ausleihen darf. Sie darf. Dann rennt Nicki mit Knuffel zu Nadja.

Silke Fechter (12), Sobernheim

Abends träume ich von meiner Zukunft

Manchmal denke ich über die Zukunft nach: Wen ich heirate, was ich werden will, und wo ich wohnen will. Abends, wenn ich ins Bett gehe, träume ich von meiner Zukunft. Ich träume von einer Welt, die in Ordnung ist und die keine Naturprobleme hat, kein Robbensterben und keine Autoabgase. Das wünsche ich mir.
Doch leider sieht es hier wüst aus, und leider bin ich erst neun. Trotzdem freue ich mich auf meine Zukunft. Einmal habe ich schon an Herrn von Weizsäcker geschrieben und eine Antwort bekommen. Das beruhigt mich ein wenig. Es gibt schreckliche Sachen, und es gibt schöne Sachen in meiner Zukunft. Da gibt es Eis, Spielplätze, Spielstraßen und Campingplätze. Das finde ich toll.

Simone Dornecker (9), Hamburg

Rede nie wieder so einen Unsinn!

Irgendwann in der Zukunft. Die dreizehnjährige Rita hetzt zur Schule und läuft in ihren Klassenraum. „Guten Morgen!" ertönte Herrn Dematreones Stimme und kurz darauf erschien er ganz auf der Leinwand, so daß die Schüler ihn sehen konnten. Er selbst saß in einem Extra-Zimmer, in dem er einen Monitor hatte, auf dem er die Schüler sehen und hören konnte. „Guten Morgen!" gab die Klasse den Gruß zurück.

„Wir wollen uns heute ein wenig über die Zeit von 1980 bis 1990 unterhalten", sagte der Lehrer. „Ich habe euch dazu einen Film aus unserer ältesten Sammlung mitgebracht. Schaltet bitte eure Computer ein und setzt die Kopfhörer auf!" Der Film begann in Ritas Kopfhörern zu rauschen, dann sah sie ihn auf dem Bildschirm.

Ein Sprecher erzählte etwas über Robbensterben in einem Meer, einer gewissen Nordsee. Er sprach über die Abholzung der tropischen Regenwälder in Brasilien und über das Absterben der Wälder in ganz Europa. Als der Film zu Ende war, ertönte die Stimme des Lehrers: „Ist etwas schwer zu verstehen, der Film, nicht wahr? Wenn ihr Fragen habt, fragt mich ruhig!" Blitzschnell hob Rita ihre Hand. „Also, ich wollte fragen, ob wir vielleicht deshalb künstliche Sauerstoffanlagen haben, weil die ganzen Wälder vernichtet worden sind?" erkundigte sich Rita. Aber leider war in diesem Augenblick der Unterricht vorbei, und der Lehrer konnte ihr nicht mehr antworten.

Während der ganzen anderen Stunden mußte Rita immer wieder an den Film denken. Sie konnte es kaum erwarten, mit ihren Eltern darüber zu reden.

Als die Familie beim Mittagstisch saß, begann Rita von dem Film zu erzählen. Ihr Vater unterbrach sie: „Wer hat dir denn diese Flausen in den Kopf gesetzt? Etwa deine neue Freundin, diese Vicky?" „Nein, wir haben in der Schule einen Film gesehen!" verteidigte sich Rita. „Ab, geh in dein Zimmer und rede nie wieder solch einen Unsinn!" schimpfte ihr Vater. Traurig ging Rita in ihr Zimmer.

Ihre Eltern hatten nicht verstanden, was sie ihnen mitteilen wollte. Nämlich, daß die Menschen alles selbst zerstört hatten.

Anja Schoofs (13), Duisburg

Anke Bahlinghorst (12), Wettringen

Die Reichen fangen an zu teilen

Die Leute in meiner Zukunft hatten es ganz einfach satt, immer in der Stadt oder am Rand der Stadt zu leben. Denn viele von ihnen wurden krank oder starben an der Luftverpestung, sogar Kinder und Babys. Die Leute zogen also aufs Land, um dort in Ruhe und Frieden weiterzuleben. Sie nahmen alles mit, auch ihr Geld. Manche Leute hatten viel Geld, manche hatten wenig Geld.

Als sie auf dem Land angekommen waren, suchten sie sich einen Platz aus, dann ging es ans Bauen. Als Baumaterial nahmen sie Holz und Blätter und Tannenzweige. Abends saßen alle Männer, Frauen und Kinder am Feuer und aßen, tranken und spielten. Plötzlich wurde ein Mann schwer krank. Der Medizinmann sagte: „Er hat entweder Krebs oder Aids." Keiner sagte etwas dazu. Seine Frau und er waren sehr arm. Darum rief die Frau alle Leute herbei, damit sie ihr halfen. Schließlich sagten die, die mehr Geld hatten: „Wir helfen dir und deinem Mann. Wir helfen von jetzt an jedem Menschen, der uns vielleicht einmal braucht." Die Reichen behielten von jetzt an nicht mehr ihr ganzes Geld für sich allein, sondern sie teilten.

Stefanie Meyer (9), Bietigheim-Bissingen

Timo Jäger   Meine Zukunft   8.11.88

Als ich heute Morgen aufgestanden bin, hatte ich
einen wunderschönen Traum. Ich saß auf einer
schönen, großen Wiese, mit vielen Blumen, Schmetter-
lingen, Vögeln und Heuschrecken. Dann kam ich
in eine Stadt, wo mich ein Bauer mit einer Pferde-
kutsche mitnahm. Die Luft war sehr rein, und
die Kutschenfahrer, fuhren so langsam, das
sie ja keine Igel überfuhren. Alle Menschen
waren lustig und fröhlich. Keiner schaute böse
drein. Am Himmel flogen viele Schwalben
und kein lauter Düsenjäger. Der Nachrichtensprecher im Radio sagte nur schöne und
angenehme Sachen. Er sagte das alle Wälder gesund
seien. Aus den Fabriken kämen keine Giftstoffe
mehr und alle Menschen hätten Arbeit. Mein
Papa müßte dann nicht mehr so lange
arbeiten und hat mehr Zeit für uns,
Aber leider war das nur ein Traum!

Timo Jäger (9), Worms

Volker Nieder (13), Brome

3. Kapitel

„…also müssen wir alle uns ändern oder
die Erde endet in einer großen Katastrophe"

Nicht warten,
bis unsere Kinder uns verfluchen.

Warum orientieren wir Erwachsenen uns in unserer gegenwärtigen Ratlosigkeit und Apathie nicht an unseren Kindern? Sie haben noch Hoffnung und warten sehnlichst auf Gelegenheit, sie ganz groß anzufachen. Denn sie haben das Leben noch vor sich, wollen lachen, lieben und lernen. Sie wollen eine Familie gründen, sich in einem Beruf bewähren, Aufgaben und Verantwortung übernehmen. Voller Energie und Willen, warten sie auf ein Startzeichen für eine gewaltige Aktion, eine Bewegung gegen die Gefahren, die diese ihre Zukunft bedrohen. Sie sind bereit mitzutun bei der großen Änderung, der wir uns alle unterziehen müssen, wenn wir uns – und mit uns alle Schöpfung auf diesem Planeten – retten wollen.

Nein, die Kinder kommen uns nicht mit müden Erwachsenen-Ausreden: „Wir können ja doch nichts daran ändern" oder „Die da oben werden schon alles tun, was nötig ist" oder „Bisher ist es immer irgendwie weitergegangen, also wird es auch in Zukunft irgendwie weitergehen". Die bei vielen Erwachsenen – vor allem bei Politikern – so beliebte Taktik REDEN STATT HANDELN lehnen sie empört ab. Sie sind bereit zu konsequentem Handeln.

Sie haben uns so vieles voraus, was sie dazu prädestiniert. Nicht nur Betätigungsdrang, Energie und Hoffnungsbereitschaft. Sie sind flexibel. Sie sind noch offen für neue Botschaften, Denkanstöße und Signale. Sie stehen der Natur noch näher als wir. Sie haben die Begabung, auch grauen Novembertagen Quellen der Freude und des Vergnügens abzugewinnen. Sie lassen sich noch für Ideale begeistern. Sie haben Phantasie (die vielleicht den allerwichtigsten Faktor für eine große Veränderung darstellt). Sie sind noch imstande zu glauben, daß man sich Utopien bis auf Rufweite nähern kann. Und der Umgang mit dem Schreckgespenst KOMFORT-VER-ZICHT fällt ihnen sicher leichter als uns.

Sie wären wunderbare Bundesgenossen. Wenn wir uns mit ihnen zusammentäten, wir mit unserer Ausdauer, unserer Lebenserfahrung und unserer Besonnenheit – was für ein tüchtiges Team gäben wir ab!

Nein, wir sollten die Gedanken zur Zukunft, die sich unsere Kinder in den Texten dieses Buches machen, nicht unter den Teppich kehren. Damit würden wir eine große Chance – die Chance! – vertun. Haben wir Erwachsenen nicht allen Grund, ein schlechtes Gewissen zu haben, wenn wir uns den traurigen Zustand unserer Erde betrachten? Noch zeigen unsere Kinder eine Fülle guten Willens, mit uns zusammen den Karren aus dem Dreck zu ziehen. Wir sollten nicht so lange zaudern, bis der Karren im Dreck versunken ist und die Kinder sich unserem Hilferuf verweigern, sich gegen uns wenden, ja uns verfluchen.

Nehmen wir die Kinder bei der Hand!

Machen wir ernst: Handeln wir!

Lösen wir uns von dem SO-WAR'S-SCHON-IMMER, dem SO-BIN-ICH'S-ABER-GEWÖHNT, dem AUF-DAS-KANN-ICH-NICHT-VERZICHTEN. Hören wir auf, unseren Besitzstand unbedingt wahren zu wollen. Verzichten wir auf Statussymbole. Wagen wir, gemeinsam mit unseren Kindern, das Abenteuer eingeschränkten Komforts und wahrhafter Nächstenliebe: so intensiv, daß die Kinder einer nicht zu fernen Zukunft den Kopf über die in diesem Buch gesammelten Texte schütteln – und sagen können: „Ich freu mich auf mein Leben!"

Gudrun Pausewang

Die Erwachsenen sollen uns anhören

Ich habe Angst vor meiner Zukunft, Angst vor Krankheiten, Arbeitslosigkeit und vor allem vor der zukünftigen Umwelt. Bei den Umweltreports laufen einem oft kalte Schauer über den Rücken. Etwas sehr Schlimmes an Umweltkatastrophen ist auch: Die Leute vergessen zu schnell und leben weiter wie gewohnt (zum Beispiel nach Tschernobyl).

Manchmal frage ich mich, ob es für diese Erde überhaupt eine Zukunft gibt. Es gibt so viele schreckliche Dinge. Ich denke da zum Beispiel an die Klimakatastrophe, einen Atomkrieg (auch an alle anderen Kriege), an Aids oder die Gen-Forschung, ans Ozonloch, an Müllberge, verschmutztes Wasser und verschmutzte Luft, an Hungersnöte (die ja meistens ihre Ursachen in Raubbau usw. haben), an das Robbensterben und überhaupt das Aussterben so vieler Tierarten... Ich glaube, diese Liste könnte man noch ein ganzes Stück weit fortsetzen.

Die meisten Experten sagen ja, daß man sofort etwas unternehmen müßte, aber, wenn überhaupt, trifft man immer nur ein paar Maßnahmen. Das ärgert mich furchtbar! Ich frage mich dann, ob sich da nicht mehr machen ließe. Man könnte doch einfach knallhart das Einleiten von Abwässern in die Nordsee verbieten.

Vieles ließe sich ändern, wenn jeder von uns nur ein paar Schritte machen würde. Warum tun wir es dann nicht? Ich glaube, die Leute wollen einfach ihre Bequemlichkeit nicht aufgeben. Die meisten handeln sowieso nach dem Prinzip: Soll doch erst mal mein Nachbar...

Natürlich sind nicht alle so. Ich bewundere zum Beispiel die Leute von Greenpeace. Auch sonst wird schon einiges getan. Man hat zumindest die Gefahren erkannt. Aber, ohne daß wir alle mithelfen, bleiben alle Anstrengungen ein Tropfen auf den heißen Stein. Es ist unsere Zukunft, die heute entschieden wird. Die Erwachsenen sollen uns deshalb anhören. Vielleicht verstehen wir mehr davon, als ihr glaubt!

Weil ich möchte, daß auch meine Kinder hier noch leben können, unternehme ich schon jetzt, was ich kann: Ich überzeuge meine Mutter, keine Getränkebüchsen, Einwegflaschen, aufwendige Verpackungen, Plastiktüten zu benutzen. In der Schule habe ich meine Bücher mit Packpapier eingeschlagen statt mit Folie. Außerdem benutze ich nur Umweltschutzpapier, keine Kugelschreiber oder Tintentod. Nächstes Jahr möchte ich gern in unsere Öko-AG eintreten (das ist leider die einzige Gruppe für Umweltschutz in unserer Gegend). Weil ich versuche, auch andere Leute vom Umweltschutz zu überzeugen, habe ich bei einigen schon den Zusatznamen: Die mit dem Öko-Tick. Darüber rege ich mich aber nicht auf. Im Gegenteil.

Später möchte ich einmal einen Beruf ergreifen, in dem ich der Umwelt helfen kann. Was genau, weiß ich noch nicht. Ich muß mich aber bald entscheiden. Ich glaube, nur so ein Beruf kann mich ausfüllen. Ich muß das Gefühl haben, wirklich etwas getan zu haben. Denn was für einen Zweck hat es, im Beruf viel Geld zu verdienen, wenn man nicht mit sich selbst zufrieden ist?

Unsere Klasse war vor wenigen Monaten in München im Deutschen Museum, unter anderem auch im Planetarium. Wenn man dort einen Ausschnitt aus dem Weltall mit der Milchstraße sieht, merkt man erst, wie winzig unsere Erde eigentlich ist. Nehmen wir uns nicht viel zu wichtig? Es bliebe höchstwahrscheinlich unbemerkt, wenn unsere Erde aus dem Bild der Milchstraße verschwinden würde. Aber wäre es nicht trotzdem schön, wenn der kleine blaue Planet, von glücklichen Menschen bewohnt, weiter seine Kreise ziehen würde?

Stefanie Wiesenfarth (14), Giengen

Gwendy Schrott (9), Heilbronn

Wenn ich Bundeskanzlerin wäre...

Im Jahr 2000 stelle ich mir alles anders vor. Die Umwelt wird bestimmt noch schlechter sein, und das Meer wird zu Ölwasser. Weniger Bauernhöfe wird es geben.
Wenn ich Bundeskanzlerin wäre, würde ich die Fabriken vernichten, die Dreck produzieren. Ich finde, mein Beruf soll nicht schaden. Ich werde Tierpflegerin. Aber zurück zum Jahr 2000. Wenn nichts unternommen wird, dann wird die Welt zum Mülleimer. Die Fabriken werden größer und die Bauernhöfe kleiner. Wenn ich könnte, ich würde die Fabriken einfach wegschicken!

Anke Dreßler (8), Salzgitter

Ich würde das Treibgas verbieten

Ich glaube, es wäre gut, wenn ich Bundeskanzler würde, weil ich dann einige Dinge verändern könnte. Als erstes würde ich das Treibgas in Spraydosen verbieten, weil dadurch das Ozonloch immer größer wird. Unser Bio-Lehrer hat uns erklärt, daß dann UV-Strahlen ein Leben auf der Erde nicht mehr möglich machen. Dann würde ich anordnen, daß alle Kriegswaffen sofort vernichtet würden und mit dem Geld Brot für die hungernden Menschen gekauft wird.
Wenn es dann keine Waffen, Gifte und Kriegsminister mehr gibt, möchte ich Lehrerin werden, weil Lehrer so viel Ferien haben, aber auch, weil sie Kindern außer Rechnen und Schreiben auf ein Leben vorbereiten können, wo man Rücksicht nimmt und zusammen Spaß am Leben hat.

Anke Bahlinghorst (12), Wettringen

Denkt an uns Kinder!

Ich würde gern Bundeskanzler werden. Dann würde ich zuerst die Waffen abschaffen, damit es keinen Atomkrieg gibt. Danach würde ich mich um die Umweltprobleme kümmern. Ich würde mich auch für die Menschenrechte in der ganzen Welt einsetzen. Mein Vater arbeitet, um fünf Kinder zu versorgen. Ich sehe ihn nicht sehr oft. Ich kann mit ihm fast nichts unternehmen. Der Arbeitsminister soll die Arbeitszeit kürzen! Ich finde, mein Vater arbeitet zu viel. Es ist vielleicht sehr schädlich für ihn. Mein Vater erzählte mir: „Diesen Lärm, diese Abgase und die schwere Arbeit am Fließband für acht Stunden am Tag auszuhalten, ist nicht so leicht." Ich weiß, daß mein Vater für uns Kinder arbeitet. Aber ich verlange nicht von ihm, daß er uns nach dem Tod etwas hinterläßt, Besitz oder ein Haus. Es soll uns soziale Rechte hinterlassen!
Die moderne Technik soll nicht die Arbeiter verscheuchen. Neue Arbeitsplätze sollen für die Millionen Arbeitslosen geschaffen werden. Arbeiter sollen wie normale Menschen behandelt werden. Die Arbeiter tragen die Welt auf ihrem Rücken. Darum bitte ich die Regierung und die Fabrikanten: Denkt an die Arbeiter und ihre Rechte! Denkt auch an uns Kinder! Erlaßt die Schulden der Entwicklungsländer! Hört auf, den Wald abzuholzen! Hört auf, Flüsse und Seen zu verschmutzen! Laßt Tiere leben! Stellt Pfandflaschen her! Laßt uns in Frieden leben!

Devrim Aslan (14), Köln

Ich habe viele Pläne

In meiner Zukunft möchte ich Politiker werden. Ich werde alles tun, damit unsere Erde nicht zerstört wird. Zum Beispiel würde ich die Spraydosen wegschaffen, weil sie für Menschen und Tiere schädlich sind. Oder ich würde nicht zulassen, daß die Bäume abgeholzt werden, weil wir die Bäume zum Atmen brauchen. Ich will auch nicht, daß Autos ohne Katalysator fahren, weil die Abgase die Pflanzen vernichten.

Gut finde ich, daß manche Firmen aus Altpapier Neupapier machen und nicht wieder Bäume fällen. Ich würde mehr Spielplätze für Kinder bauen.

Ich habe Angst, daß ich keine sichere Arbeitsstelle kriege. Und ich hab Angst, daß ich später an Umweltkrankheiten sterbe. Ich habe eine Zukunft voller Pläne. Ob ich es noch erleben werde?

Özlem Aslan (11), Köln

Ich will Politikerin werden

Mein Traum ist, Politikerin zu werden. Ich möchte nämlich versuchen, alle großen Sorgen der Länder zu vernichten. Vor allem ärgert es mich, daß die Weißen in Südafrika die Schwarzen diskriminieren. Die Schwarzen sind genauso Menschen wie wir und haben das gleiche Recht.

Ich kann mir gar nicht vorstellen, wie es in der Zukunft mit den Bomben und Raketen wird. Gott hat die Erde erschaffen – und die Menschen vernichten bald die Erde mit diesem Zeug. Als Politikerin möchte ich die Zahl der Atomkraftwerke verringern und den Ursprung der natürlichen Umwelt wieder herstellen. In meinem Traum stelle ich mir die Zukunft ohne Raketen, ohne Bomben, ohne Krieg und ohne Haß vor.

Birhan Sengöz (12), Neunkirchen

Meine Zukunft

Ich finde man sollte versuchen, statt Kernenergie vielleicht aus Sonnenenergie Strom zu erzeugen. Die Erdwärme könnte vielleicht auch von Nutzen sein. Und statt daß man Waffen und Kriegsgeräte baut, sollte man sich besser um die Umwelt kümmern. Zum Umweltschutz kann jeder etwas beitragen z. B. nicht so viel Wasser verbrauchen. Man soll die Menschenrechte von jedermann anerkennen ~~Auch mit~~ z. B. die ungerechte Behandlung mit Schwarzen muß abgeschafft werden. Die schlimmen Umweltzerstörungsaffären (Nordsee, Atombombenteste, Überbelastung und illegale Chemieabfälle auf Deponien) müssen energisch verhindert werden. Sonst werden werden wir ~~an~~ unseren Vergehen zugrunde gehen. Wenn ich groß bin will ich mich sehr für die Umwelt einsetzen. Man muß auch etwas gegen die Arbeitslosigkeit tun.

Nury Salimi (13), Pforzheim

Was soll aus meinen Kindern werden?

Ich habe ein bißchen Angst vor der Zukunft. Denn die Robben an der Nordsee werden immer weniger. Die Kraftwerke stoßen dreckigen Rauch aus. Und die Politiker tun nichts dagegen. Eigentlich müßte man gegen die Politiker protestieren. Die tun überhaupt nichts. Die halten ihre Wahlen und Sitzungen ab, reden und lassen die Robben sterben. Sie haben doch genug Geld, aber sie lassen sich nichts einfallen.

Am meisten Angst macht mir der Hormonskandal. Man kann ja bald nichts mehr essen. Überall muß man aufpassen, daß man nichts Krebserregendes ißt. Wenn ich mal Kinder habe, was soll aus denen werden? Dann ist bestimmt eine Rakete abgestürzt, und in der Ozonschicht ist ein Loch, und Robben sehen meine Kinder dann auch nicht mehr. Wer weiß, vielleicht sind wir morgen schon alle nicht mehr da.

Aber ein bißchen Hoffnung habe ich doch noch. Erst durften die Deutschen nicht aus Rußland heraus, bis der Gorbatschow eine bessere Politik eingeleitet hat. Jetzt dürfen alle, die nachweisen können, daß sie deutschstämmig sind, ausreisen. Ich finde, der Gorbatschow ist ein gutes Beispiel. Vielleicht finden sich ja auch mal Umweltpolitiker, die die Robben nicht sterben lassen, die den Rauch von Kraftwerken nicht einfach in die Luft blasen lassen, und die nicht zulassen, daß chemische Mittel in die Nordsee geschüttet werden.

Bianca Kerkgeers (12), Fürstenau

Ich stelle mir vor, daß man keine Atomkraftwerke mehr baut sondern Windkraftwerke, die nicht gefährlich sind.
Die Autos sollen mit Sonnenenergie fahren, dadurch könte der Wald und die Umwelt schöner werden.
Wir Menschen würden dann auch nicht mehr krank.
Alle Menschen werden die gleiche Sprache sprechen und sich gut verstehen, dann gibt es auch keinen Krieg mehr.
Vielleicht werde ich Gärtner und helfe, daß unsere Umwelt noch ~~schöner~~ schöner wird und viele Tiere hier leben können.

Christian Wischott (8), Verl

103

Nicht nur mit Worten, sondern mit Taten

Für meine Zukunft möchte ich mir vor allem Frieden wünschen. Und zwar nicht nur keinen Krieg, sondern auch Frieden zwischen den einzelnen Menschen und Klassen. Dann möchte ich meinen Traumberuf finden, wahrscheinlich etwas mit Elektronik. Ich möchte eine gute Lehrstelle und nette Ausbilder haben. Ob ich zum „Bund" gehe oder als „Zivi", weiß ich noch nicht. Auf alle Fälle möchte ich auch dort friedliche Menschen finden.

Dann wünsche ich mir: Daß die Natur erhalten bleibt und nicht alle Tage so erschreckende Nachrichten in den Zeitungen kommen. Ich wünsche mir, daß die Menschen sich besinnen und auf Abhilfe suchen, aber nicht nur auf dem Papier, sondern richtig helfen, daß die Natur wieder in Ordnung kommt. Wenn ich dann heirate, möchte ich eine Frau haben, die mit mir einig ist, die auch gerne wandert und die Natur bewundert und sie erhalten will. Vor allem möchte ich mithelfen, nicht nur mit Worten, sondern mit Taten, daß es mit der Natur wieder aufwärts geht und sie wieder ins Gleichgewicht kommt.

Michael Greiner (12), Herrenberg

Die Zukunft

Ich möchte speter in einer grosen wonung
wonen und ein Hund und eine Kaze haben
und ein Balkon haben und
ich möchte speter als beruf abeiten
in einer Parfümerie ich möchte
das speter ale rakreten weck sind
und auch ale panzer ich möchte
speter auch das es mer Schulen
gibt und das die ~~ben ter~~ weniger
abeiten müsen ~~und~~ als
anderen auch und ~~das~~ elterm
mer freizeit haben und
das meine elterm noch leben
und meine Schule nach
stet ich möchte speter ein
man haben und zwei
kinder die solen endcureder
lase oder bose treisen oder
maditer oder liserbet
das istr meine
Zukunft.

Jana Bernhardt (9), Hamburg

Ich glaube an das Gute im Menschen

Ich finde, die ganze Atmosphäre in unserer Welt ist ziemlich bedrückend. Es gibt beispielsweise Menschen, die andere unterdrücken oder ablehnen, nur weil diese eine andere Religion und die damit verbundene andere Lebensauffassung haben. Man trennt schwarz und weiß, Amerikaner und Russen, arm und reich. Keiner will einsehen, daß es sich hierbei ganz einfach um Menschen handelt. Niemand ist besser oder schlechter als der andere, alle sind gleich. Irgendwie habe ich auch das Gefühl, daß wir Menschen uns immer mehr hinter einer Fassade verstecken. Alles ist gespielt. Im Fernsehen sehen wir Berichte und Reportagen über hungernde Menschen, setzen für einige Sekunden die sogenannte „Traurigkeitsmaske" auf und vergessen dieses Elend schon nach kurzer Zeit, wenn anschließend ein spannender Spielfilm läuft.

Natürlich beziehe ich das Ganze auch auf mich, wobei ich wenigstens ein bißchen versuche, diese gleichgültige und willenlose Haltung zu ändern.

Was ich persönlich von meiner Zukunft erwarte? Komischerweise sehe ich dem ganzen trotz allem noch ziemlich optimistisch entgegen, denn ich glaube fest an die Menschen und an das Gute in ihnen!

Ich wünsche mir, daß man immer über alles redet. Ich wünsche mir ehrliche Leute. Ich möchte ganz einfach die Wahrheit in allem, keine Lügen oder falschen Hoffnungen.

Wir Ausländer haben es natürlich schwerer in allem. Wir sind hin- und hergerissen zwischen zwei Nationen, die uns beide irgendwie nicht ganz akzeptieren. Mein größter Wunsch ist es, in einer Welt zu leben, in der es keine Nationen gibt. Wo nur der Charakter eines Menschen zählt und nicht die Religion oder Hautfarbe.

Ich möchte rennen, schreien, fliegen,

mein Herz in die Freiheit biegen.
Und ich weiß, es gibt einen Weg,
diese Gitter zu besiegen!

                                        Senem Kaya (14), Duisburg

Alle müssen zusammenhalten
           Nicole Rumpelsberger (13), Gelsenkirchen

Erst nachdenken, dann machen

Ich wünsche mir, daß alle militärischen Ausrüstungen abgebaut werden. Es dürfen keine Gifte in die Flüsse oder ins Meer geleitet werden und keine Wälder abgerodet werden, sonst haben wir keinen Sauerstofflieferanten mehr, und das hieße, daß alle Lebewesen sterben müssen.

Wir müssen die Erde weniger zubetonieren. Mehr Grünanlagen statt zum Beispiel Autobahnen. Jeder muß, bevor er irgend etwas macht, darüber nachdenken, ob es nicht die Natur zerstört.

Ilker Talas (12), Bielefeld

Die Erwachsenen machen alles kaputt

Zukunft ist ein Wort, das oft in den Mund genommen wird, aber so richtig nachdenken tut keiner darüber. Die Gegenwart soll gut und perfekt sein. Alles Maschinen. Und alle Menschen haben zufriedene Gesichter. Aber ob das in 20 Jahren noch so sein wird, steht in Frage. Die Technik wird bestimmt perfekt sein, aber darüber hat man die Natur vergessen.

Die Erwachsenen machen jetzt alles kaputt, was später einmal den Kindern gehören wird. Eigentlich geht es die Erwachsenen doch gar nichts an. Sie sollten verantwortlicher handeln, da sie doch unsere angeblichen Vorbilder sind. Sie sollten nicht Millionen von Mark für Atomkraftwerke, Waffen und Bomben ausgeben. Besser sollte man das Geld aufteilen und den Armen geben, die am Verhungern sind. Oder man sollte die Umwelt retten, wenn das überhaupt noch geht.

Alle verdrängen die Wahrheit der Umweltverschmutzung und sagen: „Wegen dem bißchen, was ich verschmutze, wird die Welt schon nicht untergehen." Aber daß

1 + 1 = 2 ist, daran denkt keiner. Im letzten Jahr war das Waldsterben, jetzt im Sommer das Robbensterben und die Algenpest. Das hat man im Winter schon fast vergessen. Sind das nicht schon genug Warnungen? Wartet man darauf, daß erst der Mensch betroffen ist?

Die Menschen vergessen zu schnell und verdrängen die Tatsachen. Wenn die Warnungen der Natur nicht gehört werden, kommt irgendwann ein großer Knall. Wozu brauchen wir denn drei verschiedene Haarsprays mit Treibgas, Deos mit FCKW, duftende Seifen oder blütenweiße Bettwäsche? Viel mehr brauchen wir die Natur.

Silke Schaufenberg (14), Leverkusen

Atomkraftwerke müssen abgebaut werden

Ich hoffe, daß es bald keine Bomben mehr geben wird, denn es ist schlimm genug, den Frieden mit solchen Mitteln zu erhalten. Es geht bestimmt auch anders.

Auf keinen Fall darf es mit der Umweltverschmutzung so weitergehen, und das Ozonloch darf nicht größer werden! Die Atomkraftwerke müssen abgebaut werden, denn es gibt ja schon heute Möglichkeiten, anders Energie zu produzieren. Jedes Auto sollte einen Katalysator besitzen, und es dürfen nur noch Mehrwegflaschen hergestellt werden. Ich bin bestimmt nicht der einzigste, der in einer schönen Natur leben möchte und nicht auf einer nuklearverseuchten Müllhalde.

Wenn ich über meine eigene Zukunft nachdenke, hoffe ich, daß ich einen guten Beruf bekomme und daß kein Krieg ist und daß es weit weniger Arbeitslose als jetzt gibt.

Holger Winkler (10), Neuwied

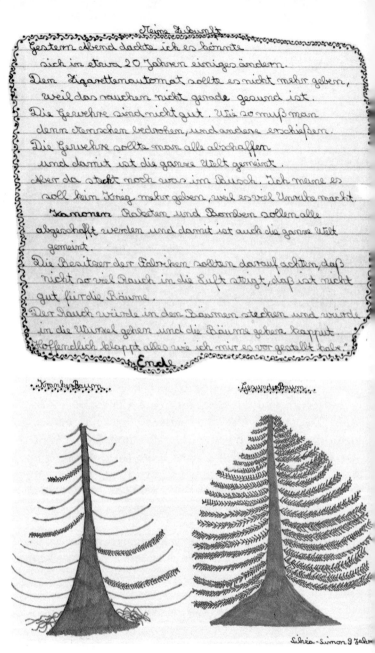

Meine Zukunft

Gestern Abend dachte ich es könnte
sich in etwa 20 Jahren einiges ändern.
Den Zigarettenautomat sollte es nicht mehr geben,
weil das rauchen nicht gerade gesund ist.
Die Gewehre sind nicht gut. Wie so muß man
denn Menschen bedrohen, und andere erschießen.
Die Gewehre sollte man alle abschaffen
und damit ist die ganze Welt gemeint.
Aber da steckt noch was im Busch. Ich meine es
soll kein Krieg mehr geben, weil es viel Unruhe macht.
Kanonen Raketen und Bomben sollen alle
abgeschafft werden und damit ist auch die ganze Welt
gemeint.
Die Besitzer der Fabriken sollten darauf achten, daß
nicht so viel Rauch in die Luft steigt, das ist nicht
gut für die Bäume.
Der Rauch würde in den Bäumen stecken und würde
in die Wurzel gehen und die Bäume gehen kaputt.
Hoffendlich klappt alles wie ich mir es vor gestellt habe."
Ende

Kranker Baum   Gesunder Baum

Silvia Simon 9 Jahre

Silvia Simon (9), Rastatt

Was wir alles tun können

Der Hahn kräht, und die Wahrsagerin gibt ihre Prognosen: „Es ist fünf vor zwölf!"
In der Tat, unsere Zukunft sieht nicht sehr rosig für uns aus. Tag für Tag liest und hört man von neuen Katastrophen wie zum Beispiel Atomkatastrophen, Waldsterben, Fisch- und Robbensterben, Ozonloch, Lebensmittelvergiftung, Grundwasservergiftungen, Müllberge, Dopingskandale beim Sport, Krankheiten, Seuchen usw.
Aber nur wenige Menschen auf der Welt tun etwas dagegen. Angeregt durch einen Wettbewerb habe ich mich mit 12 Jahren das erste Mal mit der Natur und unserer Umwelt befaßt. Aber was nützt es, wenn sich nur einzelne Personen mit diesem Problem auseinandersetzen. Es ist wie ein Tropfen auf den heißen Stein. Ich bin überzeugt davon, daß man in kurzer Zeit vieles ändern könnte, wenn jeder nur einen kleinen Beitrag zur Verbesserung unserer Umwelt leisten würde. Es wird zwar viel geschrieben und geredet, aber es wird nur wenig dagegen getan.
Mit „Abrakadabra" kann man die Umwelt nicht wieder herstellen, aber zum Beispiel so:
Ich schlage vor, daß alle Schulen in der Bundesrepublik in den Klassen 1 bis 8 an mindestens einem Samstag im Jahr in den Wald gehen und Abfälle sammeln und zur Müll-Deponie bringen. Denn wenn jedes Kind nur einen Gegenstand aus dem Wald bringt, kommen 4 194 845 Fremdkörper zusammen. Dies alles paßt bestimmt in mindestens einen Güterzug. Dadurch kann der Wald aufatmen, und wir Kinder lernen, wie wir mit unserer Umwelt umgehen sollen. Und den Erwachsenen gehen wir mit gutem Beispiel voran.
Weitere Ideen:
1. Wenn jeder seine Batterien in den Batterie-Container wirft, ist schon viel getan.

2. Verpackungsmüll vermeiden durch wiederverwendbare Verpackung.

3. Altpapier sammeln.

4. Schadstoffe abliefern (Öl, Lack usw.).

5. Container für Kompostabfälle in Hochhäusern.

6. Treibgas in Sprühdosen abschaffen.

7. Alle Glasverpackungen mit Pfand verkaufen.

8. Übrige Medikamente und Kosmetiken in Apotheken und Drogerien zurückbringen.

9. Kraftwerke umweltfreundlicher machen.

10. Chemiewerke umweltsicherer machen.

11. Weniger Chemie auf den Feldern (Grundwasser!).

12. Mit Nachbarländern zusammenarbeiten, um die Umwelt zu schützen.

Damian Knappik (13), Vöhringen

Das Jahr 2000

Das Jahr 2000 enden (wird) mit mehr Kraftwerken und mehr Autos. Es ist eine Katastrophe. Immer mehr Waldgebiete gehen kaputt. Auch die Tiere sollen ihre Freiheit behalten. Die ganze Natur geht da durch kaputt.

Die Nord- und Südsee sind durch die Schiffe, zerstört. Die Seehunde und andere Wasserlebewesen gehen dadurch kaputt und die Tiere sind tot.

Warum denken alle nur an sich (und) nicht an die Natur. Wenn wir Menschen so weiter machen, werden wir uns alle selber vernichten. Jeder einzelne muß etwas dazu tun.

Wir brauchen die Natur zum Überleben.

Waldsterben

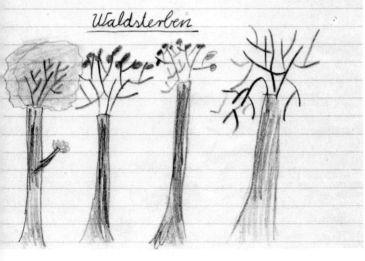

Sebastian Helmholz (10), Hannover

113

Geld zum Leben reicht mir

Meine Zukunft wünsche ich mir so: Viele grüne Wiesen, die nicht mit Müll verdreckt sind. Wo die Vögel singen und wo Kühe stehen. Ich würde gern auf einem Bauernhof meine Zeit verbringen. Geld zum Leben würde mir reichen. Ein Auto ist mir nicht wichtig, es macht sowieso nur Dreck. Schornsteine mag ich nicht. Fabriken, die die Natur kaputt machen, müßten weg. Und alle Menschen sollen gleich behandelt werden!

Sabine Nachowitz (7), Dillingen

Eine schöne Zukunft ist möglich

Es gibt viele Erzählungen und Berichte, die sich mit unserer Zukunft befassen: Wie wir in 20 oder 30 Jahren leben, wie es in späteren Jahren auf der Welt aussieht, ob die Welt dann überhaupt noch besteht. Wenn ich so etwas lese, bekomme ich manchmal Angst, denn diese Vorstellungen sind zum Teil düster, oft sogar drohend. Obwohl sie vielleicht gar nicht falsch sind, möchte ich nichts davon schreiben. Ich möchte über die Zukunft schreiben, die ich mir wünsche, in der ich leben möchte. Über eine Zukunft, die es vielleicht nie geben wird, die aber nicht unmöglich ist, wenn alle Menschen etwas für sie tun.
Ich wünsche mir für meine Zukunft, daß wir Menschen allmählich erkennen, wie sinnlos Waffen und Kriege sind, und daß sich Panzer nicht als Kinderspielzeuge eignen. Nur wenn wir alle die große Gefahr der vielen Kriege einsehen und uns dagegen wehren, kann meine Traum-Zukunft entstehen. Denn ein weiterer großer Krieg würde unsere ganze Welt vernichten.
Ich wünsche mir eine Zukunft, in der ich noch auf einer grünen Wiese liegen und das Gras riechen kann. Ich

möchte weiterhin Blumen pflücken können und in den Sommerferien auf einer steilen Klippe am Meer stehen, mir den salzigen Wind ins Gesicht wehen lassen und hinab in die tosende Brandung blicken. Die Voraussetzung dafür ist, daß wir endlich aufhören, unsere Umwelt zu zerstören, daß wir merken, wie lebensnotwendig sie ist. Allen Menschen muß dieser Zustand so deutlich werden, daß wir etwas für die Umwelt tun und nicht nur viel reden. Alle müssen es begreifen, ich auch, sonst kippt meine Zukunftsvorstellung um.

Ich wünsche mir eine Zukunft, in der ich noch genauso lachen kann wie heute. Es soll immer lustige Sachen in meinem Leben geben. Dinge, die Spaß machen, über die man sich freuen kann. Ich möchte in 20 Jahren noch bei traurigen Büchern weinen und stundenlang vor einem Gemälde stehen können. Ich wünsche mir, auch in 20 Jahren einfach im Sessel sitzen zu können und Musik zu hören. Oder meinen Kindern vor dem Einschlafen Märchen zu erzählen.

Fernsehen und Computer sollen nicht die Hauptsache in meiner Zukunft sein.

Ich wünsche mir eine Zukunft, in der noch Platz ist für Gott, in der nicht nur an Geld und Besitz geglaubt wird. Und ich wünsche mir gute Freunde, mit denen ich diese Zukunft nicht nur wünschen, sondern wirklich leben kann.

Angela Lynne Marciniak (14), Braunschweig

Meine Zukunft

Ich glaube daß viel mehr Maschinen und Roboter gebaut werden. Dann brauchen sie in den Fabriken keine Arbeiter mehr, dann machen ja die Maschinen und Roboter die Arbeit. Je mehr Maschinen und Roboter gebaut werden, desto mehr Arbeitslose wird es geben. Es werden auch Tiere sterben weil die Menschen viel zu viel Bäume fällen und Straßen, Fabriken und so weiter bauen.

> Ich wünsche mir das es nicht so wird

Ich wünsche mir, das die Tiere nicht sterben müssen nur weil die Menschen Straßen bauen wollen. Man muß das verändern.

Und es sollten viel weniger Roboter gebaut werden, damit die Arbeitslosen auch mal Arbeit bekommen.

Roboter

Raife Halil (9), Hannover

Die Tauben bringen Brot und Frieden

Ich wünsche, wenn ich groß bin, daß ich eine Maschine erfinde, die viele Friedenstauben ausspuckt, wenn ich auf einen Knopf drücke. Dann nehme ich ganz viel Brot, das ich vorher gebacken habe, und dann nehme ich viele Samen für Korn. Und jetzt hänge ich mich an die Friedenstauben und fliege zu den armen Familien und schenke ihnen das Brot und sage: „Nehmt diese Samen und pflanzt sie ein!" Und ich gebe sie ihnen.

Lea Hartung (8), Wolfsburg

Wir Kinder wissen sehr früh Bescheid

Schlimme Dinge sind in der Vergangenheit geschehen und hören nicht auf. Wir lesen, hören und sehen im Fernsehen immer wieder Katastrophen: Öltanker gehen unter und hinterlassen Ölteppiche auf dem Meer, Atomkraftwerke lassen ihre Strahlen frei, und Flugzeuge stürzen in Wälder ab und hinterlassen Waldbrände. Doch die Menschen werden nicht klüger, sondern lassen zu, daß neue Öltanker auf dem Meer fahren, daß neue Atomkraftwerke gebaut werden, daß Flugzeuge Kunstflüge machen und viel zu viele dabei abstürzen. Die Menschen denken darüber hinweg, als ob die Natur unsterblich ist. Und weil sie das nicht ist, wird sie bald sterben und die Menschen mit.
Wir Kinder wissen heute sehr früh Bescheid über diese Probleme. Unsere Eltern und Großeltern sind für diese Dinge verantwortlich. Wir Kinder von heute werden viel zu tun haben, um die Fehler der Vergangenheit zu beseitigen. Daran will ich mitarbeiten.

Thomas Kreuz (9), Reinheim

Geld und Leistung ist nicht alles

Ist das Leben nicht wie eine Straße? Eine Straße, auf der man schon ein Stück gegangen ist, aber nicht weiß, was hinter der nächsten Biegung auf einen zukommt. Wie wird wohl meine Zukunft, unsere Zukunft aussehen? Ich möchte noch sehr lange die Straße entlanggehen...
Es werden noch viele „kleinere" Kriege stattfinden. Aber den schrecklichsten, den allerletzten Krieg werden wir nicht erleben. Denn alle Menschen werden begreifen, daß sie nur so die Chance haben, ihren Weg zu Ende zu gehen. Aber da gibt es etwas, wovor ich doch Angst habe: Daß die Straße unter mir zusammenbricht, daß die Natur stirbt, daß die Flüsse vor Wut und Gift überschäumen, daß das Meer an Säure und Abfall erstickt, und daß alles Leben auf der Erde durch das Ozonloch verbrennt. Dann können die alten Männer in ihren grauen Geschäftsanzügen und Aktentaschen, egal ob sie sich Politiker oder Wirtschaftsbosse nennen, uns nichts mehr vormachen. Wir werden um die Natur kämpfen müssen. Für andere kann ich nicht sprechen, aber ich möchte später nicht stumm dastehen, wenn meine Kinder mich fragen sollten: „Warum hast du nichts getan?"
Das wäre eigentlich das einzige Problem, das ich fürchte. Ansonsten wird die Straße nur noch wenige Schlaglöcher haben. Wir müssen weniger arbeiten, Computer und Roboter nehmen uns vieles ab. Man wird wieder mehr Zeit zum Leben haben, um miteinander zu reden, sich Gedanken über alles zu machen. Vielleicht lernen wir dann, uns besser zu verstehen, und daß Geld und Leistung nicht alles ist, was zählt.

Marion Emonds (14), Herdecke

Plastikflaschen sind Umweltverschmutzung

Ich möchte, daß wir den Abfall in den Mülleimer werfen. Und was die Minister betrifft, so möchte ich, daß sie die Schiffe zurückholen, die die Nordsee verschmutzen. Und die Plastikflaschen sind sowieso Umweltverschmutzung. Das alles soll es in unserer Zukunft nicht mehr geben.

Oliver Bolte (8), Hannover

Die Zukunft

Wenn ich groß bin, will ich Umweltschützer werden. Weil ich nicht will das die Tiere und Pflanzen und Bäume aussterben und die Menschen krank werden, denn die Welt soll lange Leben. Ich möchte neue Autos entwickeln, die nicht so viel Gift hinterlassen. Das die Fabriken nicht so viel Dreck ausspucken. Und die Schiffe nicht den Dreck von der Fabriken in das Meer schütten. Weil ich die Roben so gern habe, und die Fische nicht sterben sollen. Das will ich in der Zukunft und in meiner Pfantasi machen.

David Nieder (8), Bronei

Keine Einwegpackungen kaufen!

Wir können jetzt schon etwas dafür tun, daß unsere Welt auch in Zukunft lebenswürdig bleibt. Die Zukunft sind wir und nicht die anderen. Das müssen wir uns immer bewußt machen. Schreiben wir doch einfach auf Umweltpapier (aber warum ist gerade dieses so teuer?). Werfen wir den Müll nicht einfach in den Müllschlucker, sondern sortieren ihn und bringen die wiederverwertbaren Teile in die Container. Und Einwegverpackungen brauchen wir ja gar nicht erst zu kaufen. Denn wenn solche Artikel nicht gekauft werden, werden sie bestimmt nicht in immer größeren Mengen hergestellt. Die Hersteller lassen sich dann was anderes einfallen, denn sie wollen ja verdienen.

Sandra Anbar (11), Puchheim

Später werde ich Förster

Wenn ich mal älter bin, möchte ich viel Freizeit haben, damit ich mit meinen Kindern viel in der Natur wandern kann. Ich will später mal Förster werden und dann mithelfen, die Natur in Ordnung zu halten. Wenn ich jetzt mit meinen Eltern durch den Wald gehe, sehe ich manchmal, daß die Menschen Unrat in den Wald schütten.

Andreas Hassler (8), Bad Laasphe

Viele denken: Was geht mich das an?

So stelle ich mir meine Zukunft vor: Fische werden von Industrieabwässern getötet. Vögel sterben wegen der chemischen Fabriken und der Bleiwolken von den Straßen. Mit der Zeit verdorren immer mehr Pflanzen. Die Menschen gehen qualvoll zugrunde, weil sie keine Medikamente zur Bekämpfung der Krankheiten haben. Andere sterben an Hungersnot, weil alles vergiftet ist. Und schlußendlich drückt jemand auf den Roten Knopf: Die Erde besteht nur noch aus Schutt und Asche. Kein einziges Wesen lebt noch. Alles ist tot.
Aber es muß nicht so weit kommen! Wir müssen nur zusammenhalten. Jeder einzelne muß etwas für die Umwelt tun.
Es nützt uns doch nichts, wenn nur einige etwas dagegen unternehmen. Sehen wir zum Beispiel mal die Industrie. Sie läßt den Schmutz und die Chemikalien in die Luft und ins Wasser. Ist es da noch ein Wunder, daß viele Fische zugrunde gehen? Aber auch an die einzelnen Personen ist zu appellieren. Viele denken, was geht mich das an? Ich bin doch kein Umweltverschmutzer. Aber gerade diese Leute, die so eine Meinung vertreten, sind oft die schlimmsten.

Michaela Reckermann (14), Schwerzen

im Jahr 2000

Ich bin 13 Jahre alt im Jahr 2000
bin ich 30 Jahre, Ich möchte
die Erde säubern aber alleine
schaffe ich das nicht. Wenn
die Großen dieser Welt uns
helfen würden wären wir schon
ein Stück weiter. Im Jahre
2000 ist meine Generation
auch an der Regierung
hoffentlich eine Gute, Ich
würde im kleinen beginnen.
Zu Hause im Garten. –
Ein schönes Haus mit vielen
Bäumen. ein Fahrrad vor der
Tür. Nur noch Busse, und
Autos nur für Geschäfte.
Viele Tiere grüne Wiesen und
keine Metzger die die Tiere
schlachten. So hab ich
meine Träume.

Björn Engbarth (13), Geldern

Noch ist es Zeit

Viele Worte hin, viele Worte her,
ich frag mich: Wer tut etwas, wer?
Wenn das so weitergeht wie heute,
frag ich mich und euch, ihr Leute,
fangt an und tut etwas dagegen.
Ihr habt von allen Kindern den Segen,
denn unsre Zukunft, das will ich sagen,
liegt heute schon in diesen Tagen.
Wir wollen helfen, so klein wir sind.
Schlagt unsre Worte nicht in den Wind!
Noch ist es Zeit, die Welt zu retten.
Wird nichts getan, ich möchte wetten,
dann stirbt die Welt, oh, welch ein Graus!
mit euch und euren Kindern aus.

Christina Weitzel (12), Stadtallendorf

Meine Zukunft

Wenn wir vernünftig sind, das Ozonloch nicht vergrößern, die Wälder nicht weiter zerstören, die Erde nicht vollkommen zubauen, die Meere nicht verschmutzen und nur bleifreies Benzin tanken, dann können wir sicher noch viele Pflanzen und Tiere vor dem Aussterben retten.

Es wird eine schöne Welt werden, bunt und lustig, eine Welt für Kinder und für Erwachsene. Auf der Erde wird es herrliche, große, grüne Wälder voller Pflanzen und Tiere geben. Die Meere werden sauberer sein, denn kein Gift und kein Abfall wird mehr hineingeleitet. Es werden bemannte Raketen zu fremden Planeten ausgesandt, neue Computer entwickelt, große Kaufhäuser in den Städten gebaut und doch wird die Natur geschützt

Doch wenn es so werden soll, muß jeder etwas dazu beitragen, z. B. sparsam mit Wasser, Papier usw. umgehen...

Sonja Goj (12), Duisburg

Kinder an die Macht

Wir dürfen nicht so tun, als wenn unsere Welt kerngesund wäre. Sie schreit um Hilfe! Es ist, als wenn eine Mutter ihr Kind im Stich lassen würde.
Die Politiker beraten erst tagelang, bevor sie eine Entscheidung treffen. Wenn Kinder an die Macht kämen, sähe es mit den Umweltproblemen sicher ganz anders aus.
Jetzt werden Wälder abgeholzt und nicht wieder aufgeforstet. Tiere werden gequält und mißhandelt für nichts und wieder nichts. Die ganzen Verpackungen sind überflüssig. Das wird alles nur gemacht, um uns zum Kauf zu verlocken. Es ist gemein! Wenn wir Kinder etwas sagen wollen, sagen die Erwachsenen nur: Seid still!
Was können wir tun? Was können wir Kinder tun?
Man kann nur seine Meinung sagen, das ist alles. Das Geld wird überwiegend für Staatsbesuche und so weiter verplempert, aber mehr für die Natur zu tun, das liegt nicht drin. Die Politiker sehen zu, wie die Natur mehr und mehr kaputt geht.

Stefanie Krueger (13), Bad Salzdetfurth

Vieles kann verhindert werden

Der Wald wird abgeholzt, um neue Hochhäuser, Straßen und Fabriken zu bauen. Die Robben und Seehunde sterben aus. Die Welt wird verschmutzt, und manche Haarsprays machen die Ozonschicht kaputt, weil aus ihnen Treibgas herausquillt. Die Fische sterben durch den Dreck, der von den Fabriken in die Flüsse geleitet wird.
Aber daß die Welt verschmutzt wird, kann man auch verhindern, indem man das Haarspray abschafft, und indem die Fabriken nicht so viele Giftstoffe in die Flüsse leiten.

Es könnten auch die Panzer, Flugzeuge, Atombomben, Schießgewehre und Atomkraftwerke weggeschafft werden, denn die machen auch die Welt kaputt und den Menschen Angst.

Die Abgase von den Schornsteinen gehen in die Luft und kommen als saurer Regen herunter. Der macht dann die Pflanzen kaputt. Aber das könnte man auch verhindern, indem in die Fabrikschornsteine Filter eingebaut werden.

Nina Meyer (9), Kirchlinteln

Eine Zukunft ohne Atombomben

Die Menschen sind erfinderisch. Wir erfinden immer neue Sachen, damit wir ein schönes Leben haben. Aber wir entwickeln uns auch in eine falsche Richtung: Wir bauen Kampfflugzeuge, neue Tanks, moderne Atom- und Nuklearbomben. Die USA und UdSSR sind in der ersten Reihe. Wozu braucht man denn überhaupt solche Dinge? Diese Dinge werden verwendet, um Menschen zu töten und die Umwelt zu zerstören. Im zweiten Weltkrieg wurde eine Atombombe auf Japan geworfen. Was ist passiert? Die Menschen, die da lebten, sind verhungert oder verdurstet, das Land war jahrelang unbenützbar. Die Atombomben heute sind viel stärker. Die könnten unsre Welt zerstören und zu einer Wüste umwandeln. Und was wird mit den Menschen passieren? Die werden wie Blumen absterben.

Ein Glück, daß man es heute bemerkt hat! Manche Länder sind sich bewußt, was alles in einem dritten Weltkrieg passieren könnte. Jetzt zerstören sie die Bomben. Ich glaube, in der Zukunft wird es gar keine Atombomben geben. Ich finde es auch besser, denn dann werden wir in einer friedlichen und glücklichen Welt leben. In einer Welt ohne Krieg.

Sibel Kalleşoğlu (10), Köln

Meine Kinder sollen die Umwelt schützen

Ich hoffe, daß die Umwelt mehr geschützt wird. Und daß die Menschen nicht mehr ihren Dreck in die Natur werfen. Ich möchte gern Tierärztin werden. Ich wünsche mir, daß die Tiere nicht alle aussterben. Und daß die Tiere keine verseuchte Nahrung fressen müssen. Ich will meinen Kindern auch beibringen, die Umwelt zu schützen. Damit die Bäume nicht kaputt gehen und die Vögel überleben. Ich will nicht, daß die Menschen so viele Atomfabriken bauen.

Jessica Diehm (9), Zellingen

Man sollte weniger arbeiten

Ich stelle mir meine Arbeit im Jahr 2000 vor. Was ich schlecht finde, ist, daß mein Vater so spät von der Arbeit kommt und nicht mehr viel Zeit für uns hat. Man sollte weniger arbeiten und trotzdem gleichviel Geld verdienen.

Ich würde gern in einer Firma arbeiten, wo man an den Umweltschutz denkt. Und ich würde gern so viel Geld verdienen, daß es ausreichen würde, Spenden an die Dritte Welt zu schicken. Ich finde es gut, daß es Computer gibt, aber ich finde es nicht so gut, daß Computer den Platz von Menschen einnehmen, die dann arbeitslos sind.

Eliseo Pavone (11), Eislingen

So wünsche ich mir die Zukunft:
saubere Luft, saubere Bäche und
sauberes Trinkwasser. Gesunde
Nahrung ohne Gift. Schönere Wiesen
mit vielen Blumen. Jeder hat ein
eigenes Haus mit einem großen Garten.

Leider wird es so aussehen:
Verschmutzte Bäche und Luft. Die
Wiesen zwar grün, aber so kahl,
daß kein Tier mehr dort leben kann.
Mietwohnungen in Hochhäusern.
Vorgärten mit winzigen Blumenbeeten
Gepflasterte Straßen und Wege,
große Fabriken und kleine Wälder.

Ja leider! So ist es. Die Menschen
denken nur an Geld, Kleider und
Autos, an die Umwelt kaum einer,
und das ist eben so schlimm. Viele
Politiker halten große Reden zum
Thema „Umweltschutz." Wenn
sie dann gewählt sind, scheinen
sie alles vergessen zu haben.

Ich werde es so machen:
Ich werde meinen Eltern vorschlagen,
nur noch bei Öko - Bauern einzukaufen.
Ich kaufe nur noch Umweltschutzpapier. Im Garten nicht nur Rasen
und Blumen säen, sondern auch
Bäume, Büsche, Hecken . . . anpflan-
zen. Keine Insektenbekämpfungs-

mittel einsetzen, Papier in Altpapier-
sammlungen geben. Keine Einwegflaschen kaufen.

Wenn alle es so machen, wäre die
Welt bestimmt um ein Viertel sauberer.

Viviane Musch (9), Belm

Die Bombe ist noch immer da

Meine Zukunft wird, ganz klar!
einzigartig und wunderbar.
Das meint jeder, ob groß, ob klein.
Doch fällt es ihnen denn nicht ein?
Die Bombe, die gefährlich war,
ist doch noch immer da.
Viele Menschen haben zu Hause
so eine Bombe. Die ist nicht gefüllt mit Brause,
sondern mit Pulver und das explodiert,
wenn man die Bombe anzuzünden probiert.
Und einmal ein betrunkener, wahnsinniger Mensch,
der so eine Bombe hat auf seiner Ranch,
der zündet sie an in der Nacht auf einen Schlag,
und wüst sieht die Erde aus, wenn kommt der Tag.
Da krächzt auf dem Dach ein sterbender Hahn:
Warum hat denn keiner etwas gegen die Bombe getan?
Er stirbt jetzt schnell,
vom Dach fällt er.
Auf der Erde ist es wüst und leer.
Nur Gott schwebt über der Welt, auf der es gekracht,
und fragt sich trauernd: Wer hat bloß diese Monster
gemacht?

Volker Nieder (13), Brome

Meine Zukunft

Wenn ich erwachsen bin, soll die Welt schöner sein, als sie jetzt ist. Es soll ᵛ keine Kernkraft-werke mehr geben, und kein Geld, damit nicht manche reich und manche so arm sind. Es soll keine Unterdrückung der Menschen geben, und erst recht keinen Krieg. Die Menschen sollen freundlich zueinander sein, und jedem geben, was er braucht. Die Luft und die Vegetation soll besser werden.ˣ Es soll kein Streit zwischen den Menschen geben, auch keine Angst mehr. Alle Menschen sollen frei sein. Alle glücklich. Damit die Welt jemals so wird, müssen wir jetzt schon anfangen sie zu ändern und vieles besser machen, als unsere Eltern es gemacht haben. Das ist mein Zukunftstraum!

ˣ Die Tiere und Pflanzen ~~sollen~~ sollen nicht krank sein.

Ulrike S. Bock (11), Hamburg

131

Wir können den Wald retten

Wie wird der Wald wohl im Jahr 2000 aussehen? Diese Frage stellt sich wohl heute jeder, der etwas von den Umweltproblemen versteht. Wie können wir den Wald retten? Ganz einfach: Wir müssen alle Autos mit einem Katalysator ausrüsten und die Schornsteine der Fabriken und Häuser mit starken Filtern ausstatten.
Ein anderes Umweltproblem ist der Sondermüll. Zum Beispiel für Batterien und Plastik können wir einen Extra-Mülleimer haben. Dieser Sondermüll muß in eine besondere Mülldeponie. Glas sollte man in großen Containern, die auch in kleinen Dörfern aufgestellt werden müssen, sammeln. Wenn die Verbraucher weniger in Kartonpackungen oder in Plastikflaschen kaufen würden, wäre der Müllberg auch nicht so hoch. Ich möchte, daß meine Kinder einmal in einer Welt leben, die nicht durch uns völlig verschmutzt ist.

Bernhard Schnetz (10), Ebersbach

Alle sollen nur noch mit Kutschen fahren

Ich möchte gern Bäuerin werden und durch die Straße kutschieren. Alle Leute sollen nur noch mit Kutschen fahren. Der Rhein soll auch mal gesäubert werden und aus Bäumen nicht so viel Kleinholz gemacht werden. Ich möchte auch Kinder haben.
Ich wünsche mir noch eins, aber den Wunsch kann mir leider keiner erfüllen: Ich möchte, daß nie wieder Krieg ist.

Tanja Sentz (9), Mainz

Alle Autos haben einen Katalysator

Meine Zukunft ist vielleicht nicht besonders rosig, aber zum Verzweifeln ist sie auch nicht gerade. Sicher, es werden eine Menge Autos durch die Straßen fahren, aber die Luft wird relativ sauber sein, weil alle Autos einen Katalysator haben werden. Das Wasser ist in meiner Zukunft genauso dreckig wie jetzt, deshalb wird es viele Jugendgruppen geben, die sich um den Umweltschutz kümmern. Na ja, die Erwachsenen werden dann wahrscheinlich irgend etwas tun, was nicht den Vorstellungen der Kinder entspricht, aber es ist wenigstens ein Trost, wenn sie überhaupt reagieren.

In meiner Zukunft sind die Leute vernünftig geworden und ernähren sich mehr von Obst und Gemüse und Schonkost als von Fisch, den man sowieso bald nicht mehr essen kann, oder von Fleisch, das sich nicht mehr verkaufen läßt, weil keiner Fleisch von gequälten Tieren essen möchte.

Nicole Rumpelsberger (13), Gelsenkirchen

Wir sollten mit den Armen teilen

Immer mehr alte Menschen wohnen im Altersheim, weil sie von ihren Kindern nicht mehr gepflegt werden können. Die Behinderten sind in Heimen untergebracht, weil die Eltern keine Zeit für ihre kranken Kinder haben. Es sind extra Altenpfleger und Krankenschwestern für die Betreuung der Menschen da. Ich möchte gern später, wenn ich groß bin, Kranken und Behinderten helfen.

Hier in Deutschland gehen die Kinder lange zur Schule, und in der Dritten Welt können viele Kinder keine Schule besuchen. Weil sie deshalb nicht lesen und schreiben lernen, ist es ihnen nicht möglich, später eine Berufsausbildung zu machen. Sie werden also arm bleiben müssen. Ich würde mich freuen, wenn die armen Kinder nach

Deutschland kämen und wir mit ihnen Lebensmittel und Spielsachen teilen würden. Ich finde es schlimm, daß es auf der Welt immer noch Kriege gibt. Es wird so viel Geld für die Rüstung ausgegeben, das man besser für den Frieden ausgeben könnte.

Adeline Spilker (9), Hille

Sind Macht und Geld wichtiger als Leben?

Ich glaube, daß meine Zukunft die Zukunft aller Menschen ist. Ich bin der Meinung, daß sie sehr schlecht aussieht. Diese ganzen Geschäfte und Schmuggeleien mit den modernsten Waffen kosten so viel Geld. Wozu werden denn Jahr für Jahr Millionen für Waffen ausgegeben? Warum tut man nicht mehr für den Menschen und die Natur?

Durch das Einleiten von Giftstoffen und Giftmüll der riesigen Konzerne ins Meer werden wahrscheinlich Algen freigesetzt, die vermutlich das Robbensterben verursacht haben. Dieses wäre vielleicht zu verhindern gewesen, wenn man härtere Maßnahmen ergriffen hätte und genauere Kontrollen.

Und warum hat man das nicht getan? Weil die Konzerne nicht am Umweltschutz, sondern nur an ihrem Gewinn interessiert sind. Sind Macht und Geld denn wichtiger als Leben?! Die Politiker und Wissenschaftler machen große Sprüche. Und was tun sie? Nichts!

Also müssen wir alle uns ändern oder die Erde endet in einer großen Katastrophe.

Jörg Wansart (10), Bergheim

Meine Zukunft

~~Dichter~~ Jens Knauß

Jeder Mensch (d) auf der Erde hat in Zukunft die gleichen Rechte (und) und alle haben genug zu essen und helfen sich gegenseitig. Es gibt keine Kriege mehr und die Waffen liegen schon lange auf dem Schrotthaufen. Atomkraftwerke braucht man dann auch nicht mehr weil die Energie mit Sonne und Wind und Wasser viel besser und unschädlicher ist.

Jens Knauß (7), Waiblingen

Ich wünschte, so würde es werden

Es wird Autos nur noch mit umweltfreundlichen und sauberen Vergasern geben. Überall sind Wildparks und Tierheime, und an vielen Stellen wird es Bäume und Blumen geben. Die ganze Welt wird zusammenhalten und alles teilen. Es wird keinen Menschen mehr geben, der auf der Straße schlafen muß. Es wird keine Zigaretten oder alkoholische Getränke mehr geben. Feindliche Auseinandersetzungen sind ausgeschlossen.
Viele 10 000 Afrikaner müssen nicht mehr unter Essen leiden und haben immer was zum Anziehen.

Yunus Turaci (10), Neuss

Nach uns wollen noch andere leben

Ich wünsche mir, daß unsere Politiker endlich begreifen, daß es keinen Sinn hat, Kriege zu führen, Atomkraftwerke aufzustellen und unsere Umwelt mehr und mehr zu verseuchen. Vor allem sollten sie begreifen, daß auch noch andere Menschen nach uns leben wollen. Sie sollten auch begreifen, daß Waffen nur töten und die Welt zerstören.
Es werden heute zu viele Gifte in die Flüsse geleitet, und alles Leben stirbt, wie zum Beispiel die Seehunde. Wenn wir unsere Welt nicht zerstören wollen, müssen wir sofort handeln, ehe es zu spät ist. Eine glückliche und zufriedene Zukunft stelle ich mir mit spielenden Kindern, sauberer Luft und ganz, ganz grünen Bäumen vor. Das wünsche ich mir und allen anderen.

Benjamin Dicker (10), Spangenberg

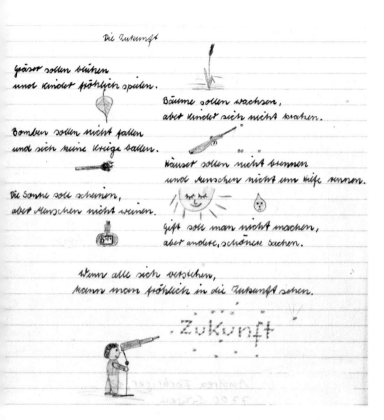

Die Zukunft

Gräser sollen blühen
und Kinder fröhlich spielen.

Bäume sollen wachsen,
aber Kinder sich nicht kratzen.

Bomben sollen nicht fallen
und sich keine Kriege ballen.

Häuser sollen nicht brennen
und Menschen nicht um Hilfe rennen.

Die Sonne soll scheinen,
aber Menschen nicht weinen.

Gift soll man nicht machen,
aber andere, schönere Sachen.

Wenn alle sich verstehen,
kann man fröhlich in die Zukunft sehen.

Zukunft

Andrea Forbriger (12), Singen

137

Spielplätze statt Atombomben

Ich wünsche mir mehr Bäume. Die Weißen sollen mit den Schwarzen Frieden schließen. Ich will keine Schilder: „Ausländer raus", keine Autos mehr, statt dessen kann man Fahrräder nehmen oder Pferdekutschen oder man kann laufen. Es sollen keine Kanonen oder Atombomben gebaut werden, lieber mehr Spielplätze.
Man soll nicht mehr Spritzen in die Kälber, Kühe oder Bullen tun wegen mehr Fleisch. Laßt sie leben. Sie geben doch Milch, und die Bullen können aus weniger Fleisch sein. Keine Spielpistolen soll es mehr geben, die verwechselt man mit echten. Daß die Eltern gleich viel Ferien haben wie die Kinder, das wünsch ich mir. Ich möchte, daß sie mehr Geld verdienen, damit wir in einem Haus mit Garten wohnen können.

Christina Scherer (8), Augsburg

Die Politiker anfeuern, mehr zu tun

In letzter Zeit habe ich mir viele Gedanken über die Zukunft gemacht. Ich mußte über meinen Beruf nachdenken. Ich will Krankenschwester werden, weil ich überzeugt bin, daß es in den nächsten Jahren-immer mehr Kranke geben wird. Und denen will ich helfen.

Wenn das so weitergeht, daß immer mehr Gifte in die Gewässer geleitet werden, die Atomkraftwerke und Atombomben noch mehr zunehmen und überhaupt die ganze Umweltverschmutzung, dann sehe ich für unseren Planeten keine Chance mehr. Wenn die Politiker doch schon früher die Spraydosen verbieten würden! Wenn keine Schiffe mehr ihren Dreck ins Meer leiten dürften! Vielleicht könnten wir (alle Nationen gemeinsam) unseren Planeten dann noch retten. Oder ist es schon zu spät?

Ich habe etwas Angst vor der Zukunft.

Was ist, wenn noch mehr radioaktive Strahlen unsere Erde belasten? Wenn das Wasser so verseucht ist, daß wir es nicht mehr trinken können?

Ab sofort will ich so umweltbewußt leben, wie es nur geht. Ich werde Umweltschutzpapier kaufen, die Batterien, Spraydosen (ohne Treibgas!) zum Sondermüll geben, meine Eltern überzeugen, daß sie alles nur noch in Gläsern kaufen sollen, ach, es gibt so vieles. Unsere Generation soll nicht die letzte sein, die auf dem Planeten Erde lebt. Wir selber können auch etwas dazu beitragen und die Politiker mit Briefen anfeuern, mehr zu tun. So kann es nicht weitergehen, das steht fest. Es ist drei Minuten vor zwölf! Jetzt müssen wir handeln, nicht später. An uns liegt, was in der Zukunft geschieht.

Birgit Söldner (14), Rimpar

Sören Eikermann (11), Elmshorn

Autoren-Verzeichnis

Winfred Kaminski, geb. 1948, Dr. phil., Literaturwissenschaftler und Kritiker in Frankfurt am Main.

Gudrun Pausewang, geb. 1928, Schriftstellerin und Lehrerin in Schlitz.

Horst-Eberhard Richter, geb. 1923, Dr. phil., Dr. med., Professor für Psychosomatik an der Universität Gießen, Vorstand der bundesdeutschen Sektion der Internationalen Ärzte zur Verhütung des Atomkriegs (IPPNW).

Regina Rusch, geb. 1945, Kinderbuchautorin und Journalistin in Frankfurt am Main.

Die Kinder
und die Seite(n), auf der ihre Beiträge zu finden sind: